Mitmachen und Weltrekordhalter werden – so wie hier in Hamburg (D), wo sich 6.211 Menschen zusammenfanden, um …
(siehe letzte Seite)

HALLO LIEBE REKORDFANS!

Auch Rekordrichterin Janine Mehner kann Moderation.

Am 12. Juni 2016 erhielt Moderator Guido Cantz backstage bei »Immer wieder sonntags« (ARD, D) seine Rekordurkunde. Wofür, steht auf S. 128.

Am 3. Dezember 2014 versuchte Thomas Anders bei Stern TV (RTL, D) seinen Rekord von S. 111 zu verbessern.

Hallaschka 0:34.62

Am 10. August 2015 war Jonas Hoefer bei »Galileo« (ProSieben, D) im Studio in München. Nachzulesen auf S. 35.

Beim »CouchClub« (WDR, D) war man am 31. August 2015 mit Selfies erfolgreich, siehe S. 74.

Ich freue mich riesig, Ihnen meine persönliche Weltrekord-Auswahl zu Beginn eines Buches zu präsentieren – und zwar nicht nur auf ein paar Seiten beschränkt. Diese Auswahl, bzw. Empfehlung betrifft viel mehr ein Gesamtkonzept, nämlich das hier vor Ihnen liegende Buch der deutschen Weltrekorde.

Mit der Gründung des REKORD-INSTITUT für DEUTSCHLAND (RID) ist 2014 ein lang gehegter Traum in Erfüllung gegangen. Das RID ist eine neue Anlaufstelle für Rekordjäger aus dem deutschen Sprachraum. Es bietet ihnen eine deutschsprachige Beratung und Regeln fürs Rekordebrechen, prüft Rekordversuche neutral und unabhängig und präsentiert die anerkannten Rekorde online. Zudem entwickelt das RID Rekord-Disziplinen und Wettbewerbe, wie beispielsweise die **meisten in einem Sack hüpfenden Personen** (siehe S. 77), oder das **größte Stille-Post-Spiel in drei Minuten** (siehe S. 63). Die größte Freude bereitet es zu sehen, dass diese Angebote begeistert angenommen werden und die Rekordjäger sich gegenseitig die Rekorde abjagen.

Einen herzlichen Dank möchte ich vor allem meinen Rekordrichtern und der Redaktion aussprechen, die es dem RID bisher ermöglicht haben, tolle neue Rekorde zu definieren, zu prüfen und anzuerkennen sowie das RID-Rekordarchiv mit ihnen zu bestücken.

Wenn unsere Rekordversuche im Fernsehen stattfinden, erfüllt mich dies zusätzlich mit Stolz, zeigt es doch, dass die RID-Rekorde auch für Außenstehende Relevanz und einen hohen Unterhaltungswert haben. Gute Gründe, weswegen wir Ihnen, liebe Leser/innen, das vorliegende Buch »Weltrekorde made in Germany« ganz besonders ans Herz legen möchten und hoffen, dass sich Ihre Einschätzung mit der unseren deckt.

Herzlichst, Ihr

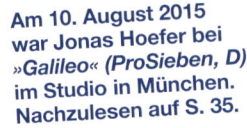

Olaf Kuchenbecker

Häufig für das RID im Einsatz: Rekordrichterin Eva Ricarda.

Rolf Allerdissen organisierte u.a. Rutschwettbewerbe, bevor er RID-Rekordrichter wurde.

Nach jahrelanger Rekorderfahrung und zahlreichen TV-Einsätzen gründete Olaf Kuchenbecker das REKORD-INSTITUT für DEUTSCHLAND (RID).

HOLT EUCH DEN REKORD!

Was verbirgt sich hinter »Weltrekorde made in Germany«, und was kann man als Leser/in erwarten? Das RID ist angetreten, die Rekordjäger aus Deutschland, Österreich und der Schweiz zu unterstützen und deren Weltrekordleistungen zu listen und zu präsentieren. Dabei interessieren uns die Leistungen verschiedenster Kategorien, denn wir wollen einen guten Ein- und Überblick über die vielfältigen Fähigkeiten menschlichen Schaffens im deutschen Sprachraum geben. Dabei sind wir vornehmlich an sogenannten »Spaßrekorden« interessiert, also Leistungen, die man selbst beeinflussen kann, oder bestimmte, eher ungewöhnliche Wettbewerbe abbilden.

Dabei möchten wir unseren Leserinnen und Lesern Außergewöhnliches und Eigenständiges mit einem hohen Unterhaltungswert bieten. Offizielle Verbands-Sportrekorde oder Lexikalisches zu Flora und Fauna, also Inhalte, für die es bevorzugt andere Quellen gibt, interessieren das RID dabei nicht so sehr.

Und so treffen beim RID Lokalpatrioten auf regionale Helden, Sportskanonen gesellen sich zu Tüftlern, Technikern oder Modellbauern und sie alle werden mit ihren Rekordleistungen präsentiert. Und da das Rekordebrechen vom Mitmachen und damit vom Wettbewerb lebt, gibt es auf S. 152 eine Anleitung zur Rekordanmeldung. So kann auch der Leser selbst zum RID-Rekordhalter werden.

Doch auch, wenn man alle Punkte befolgt, führt das nicht automatisch zu neuen Weltrekorden, wie man an den schönen Beispielen spektakulären Scheiterns sieht, die wir auf den Seiten 148–151 präsentieren.

Die »längste Oldtimer-Treckerparade der Welt« organisierten die Schlepperfreunde Auenberg e.V. am 8. Mai 2016 in Bad Wildungen.

Vom ADAC Zurich 24h-Rennen 2016 vom Nürburgring sendete RTL NITRO am 28./29. Mai 2016 mit 26 Stunden die »längste TV-Event-Sport-Übertragung«.

Kein Weltrekord konnte am 24. Juli 2016 beim »*K1 Food Truck King*« (kabel eins, D) aufgestellt werden.

Am 24. Juli 2016 holten die »Burning Ropes« mit 44 Froschsprüngen in 1 Minute den »Seilsprung-Weltrekord« bei »*Immer wieder sonntags*« (ARD, D).

Der FC Bayern Basketball baute am 18. September 2015 am Münchner Flughafen das »größte Basketballfeld der Welt«.

Taekwondo-Sportlerin Jaclyn Hagemann aus Hamburg holte am 22. Mai 2016 mit 32 zertretenen Luftballons in 90 Sekunden bei »*Immer wieder sonntags*« (ARD, D) den Weltrekord im »High-Heel-Ballon-Kick«.

Die »meisten Luftgitarren-Windmühlen zu ›My Generation‹ (30 Sek.)« vollführte Hanka Rackwitz (D) mit 55 in »Mieten, Kaufen, Wohnen« (Vox, D) am 12. Dezember 2014.

Werner Momsen und Puppenspieler Detlef Wutschik erzielten am 17. April 2016 beim 31. »Haspa Marathon Hamburg« mit 4 Stunden 31 Minuten 8 Sekunden den »schnellsten Marathon mit Handpuppe«.

Jan Haselhofer von Baden.fm sendet am 25. März 2016 mit 5 Stunden 21 Minuten die »längste Radiomoderation unter Wasser«.

Am 30. Juni 2016 haben Gäste des LEGOLAND® Deutschland in Günzburg (D) aus 600.000 handelsüblichen LEGO® Steinen einen 35,47 m hohen Turm gebaut und so den Weltrekord geholt!

Die Elmshorner Cheerleader »Major Maniacs« erzielten am 12. Juni 2016 den »Flug-Wäsche-Weltrekord« bei »Immer wieder sonntags« (ARD, D), siehe S. 34

Kicker des FC Hamburger Berg und des VfL Wallhalben beendeten am 5. Juni 2016 nach 111 Stunden das »längste Fußballspiel der Welt«.

INHALT

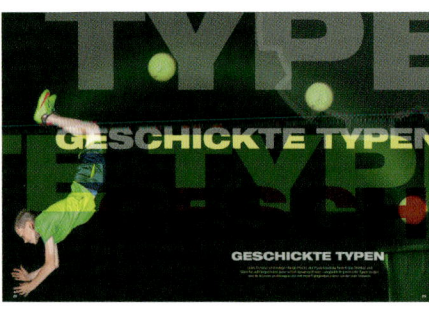

Die aktuellsten »Weltrekorde made in Germany« gibt es zum Nachschlagen und Stöbern auf:

http://rekord-institut.org

Jetzt Fan werden:
www.fb.com/
RekordInstitut

Um selbst einen Weltrekord anzumelden, gibt es auf unserer Internetsite ein Anmeldeformular. Auf S. 152/153 erklären wir, wie die Rekordanmeldung funktioniert und wo Sie das Anmeldeformular finden.

STUNTS & ACTION

Ob mit dem Kopf durch Melonen, mit der Faust durch Kokosnüsse oder auf Skiern mit dem Gleitschirm steilste Hänge mit Highspeed hinabsausen – spektakuläre Stunts und atemraubende Action gibt es nicht nur im Kino, sondern auch auf den folgenden Seiten.

ALLES MIT DEM KOPF

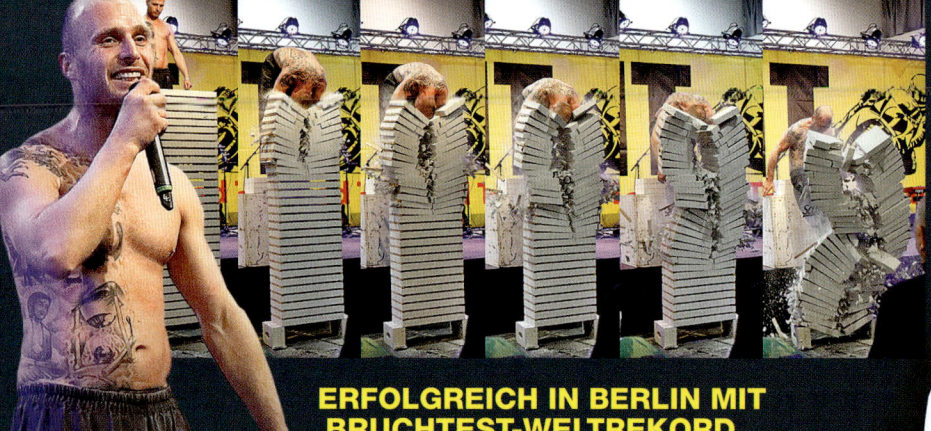

ERFOLGREICH IN BERLIN MIT BRUCHTEST-WELTREKORD

Ausgerechnet am Valentinstag, dem 14. Februar 2016, gelang es dem Brandenburger Extremsportler Sebastian Kopke (D, Künstlername »Satu«) einen neuen Bruchtest-Weltrekord zu erzielen. Auf den »Berliner Motorrad Tagen« stellte er seinen Dickkopf unter Beweis, indem er **30 zu einem riesigen Stapel aufgetürmte Gasbetonsteine auf einen Streich zerschlug** – und das nur mit dem Kopf!

AUSGEZEICHNETE »KOPFARBEIT«

In der Live-TV-Sendung »Fernsehgarten« (ZDF, D) ist das Aufstellen und Brechen von Weltrekorden regelmäßig ein Thema. So auch zum Saisonfinale am 28. September 2014, als Taekwondo-Spezialist Oliver Grimsehl (D) aus Hamburg (D) den Rekord für die »**meisten im Vorwärtssalto mit dem Kopf zertrümmerten Gasbetonsteine (1 Min.)**« erzielte. Die Steine sind zu Stapeln von je fünf aufgetürmt, mit jeweils zwei Holzleisten dazwischen. Vor Ablauf der Minute schaffte es Oliver, 80 Steine nur mit dem Kopf zu zerbrechen, und sich den Weltrekord zu holen.

IM VORWÄRTS-SALTO GEGEN ZEMENTSTEINE

Der Weltrekord »**meiste beim Vorwärtssalto mit dem Kopf zerbrochene Zementsteine (30 Sek.)**« wurde in einem Duell entschieden. Belmin Osmanbegovic (BIH) schaffte es am 25. April 2015 in Visoko (BIH), sich gegen den mehrfachen Weltrekordhalter Oliver Grimsehl (D) aus Hamburg (D) durchzusetzen. Vor den Augen von RID-Rekordrichter Rolf Allerdissen konnte er in 30 Sekunden insgesamt 75 Zementsteine mit einem Salto vorwärts mit dem Kopf zerbrechen, während Grimsehl »nur« 60 Steine schaffte.

WASSERMELONEN VS. DICKSCHÄDEL

Auf dem Rosenfest in Bernburg (D) teilte Ahmed Tafzi (DZ) am 27. Mai 2011 nur mit seinem Kopf 43 Wassermelonen – neuer Weltrekord in der Kategorie **»meiste in einer Minute mit dem Kopf zerschlagene Wassermelonen«**.

DIE MEISTEN BEIM KÖPFEN ZERTEILTEN MELONEN

Beim Test für eine TV-Show holte sich Ahmed Tafzi (DZ) am 14. August 2011 in Hamburg (D) den Weltrekord, als er in einer Minute 18 auf ihn geworfene Wassermelonen beim Köpfen in der Luft zerteilte.

DER HÄRTESTE KNOCHEN IM KÖRPER IST…

…ein ziemlich kleiner Knochen, der an einer Stelle sitzt, die man von außen gar nicht sieht, nämlich am Innenohr. Es ist das sogenannte **Felsenbein**. Er schützt das Innenohr und damit auch das Gleichgewichtsorgan und die Hörnerven. Und gerade weil dieser Knochen so klein ist, ist er auch so hart.

SMS BEIM HEADSPIN

Breakdancer Benedikt »BBoy Bench« Mordstein aus Freising (D) gelang es im November 2015, den Weltrekord für die **»schnellste SMS beim Head-Spin«** zu verbessern. Im bayerischen Freising (D) schaffte er es, das Sprichwort »Ein blindes Huhn findet auch ein Korn.« in schwindelerregenden 56,65 Sekunden fehlerfrei auf seinem Mobiltelefon zu tippen. Dabei drehte er sich ununterbrochen auf dem Kopf in einem sogenannten Headspin. Den Erstrekord in dieser Disziplin hatte er 2013 in der »Tag des Glücks – Die SKL-Millionen-Show« aufgestellt.

MIT KARACHO

KLEIN ABER OHO – DER ZIPFLBOB

Ein Zipflbob ist ein Schlitten aus Kunststoff mit einem knüppelförmigen Griff an der Oberseite zum Festhalten und Steuern, der normalerweise eher für kleinere Kinder vorgesehen ist, sich aber auch hervorragend zur Rekordjagd eignet. So erreichte Frederik Eiter (A) am 11. April 2009 auf der Brunnenkogel-Piste am Pitztaler Gletscher eine Geschwindigkeit von 157,34 km/h auf einem handelsüblichen Zipflbob und hält seitdem den Weltrekord für die **schnellste Fahrt mit dem Zipflbob**.

MIT DEM MONOBOB IM EISKANAL

Der Weltrekord für die **höchste Eiskanal-Geschwindigkeit mit dem MonoBob** liegt seit dem 15. Februar 2014 bei 132,158 km/h und wurde erzielt von Stefan Marty (CH) auf der Olympia Bobbahn St. Moritz (CH). Der MonoBob (Einerbob) wurde als neues standardisiertes Sportgerät von der »Fédération Internationale de Bobsleigh et de Tobogganing« (FIBT) in Auftrag gegeben, um den Bobsport für Nachwuchssportler und junge Menschen attraktiver zu machen.

GLEITSCHIRM EXTREM

»Speedriding« ist eine noch junge Extremsportart, bei der man im »Tiefflug« mit einem Gleitschirm auf dem Rücken und mit Skiern unter den Füßen die Berge hinuntersaust. Der Gleitschirm mit seiner kleinen Oberfläche von 8–14 m² erlaubt temporeiche Kurvenmanöver und Geschwindigkeiten von mehr als 100 km/h. Obwohl keine Luftsportart, ist die Beherrschung des Speedschirms zwingend notwendig.

KLEINER SCHIRM - GROSSER SPEED

Die beeindruckende Kulisse der Königspitze in den Ortler Alpen (I) mit einer Gipfelhöhe von 3.859 m war der auserkorene Austragungsort eines Weltrekordversuchs für die »höchste Speed-riding-Geschwindigkeit«. Am 19. März 2015 raste der Südtiroler Armin Senoner (I) mit unglaublichen 152,9 km/h über die Königspitze hinweg, in die Ferienregion Ortler Sulden hinab, seinem neuen Weltrekord entgegen! Die Geschwindigkeit wurde nach Empfehlung der FAI (Weltluftsportverband) mit einer speziellen Luftsport-GPS-Technologie von DigitalAlps aufgezeichnet.

MASSENRODELN AUF HESSISCH

Mehrere hundert Wintersportfreunde hatten sich am 16. Januar 2016 in Gersfeld (D) auf der Wasserkuppe zusammengefunden, um sich den Titel für den »längsten Rodelzug der Welt« zu sichern. 416 mit Seilen verbundene Schlitten mit ebenso vielen Piloten rodelten die gesamte, in den Rekordregeln definierte 150-m-Strecke zusammen als ein langer Zug – und wurden nach Zieleinlauf offiziell beurkundet. Veranstalter dieser Rekordgaudi waren die Firmen Kolter, AlpenGaudi – Snowsports und die Betreiber der Ski- und Rodelarena Wasserkuppe.

SPEED Riding

World Record

152,9 km/h

FAI

MR. HAMMERHAND

BRUCHTEST FÜR BASEBALLSCHLÄGER

Bei einer Veranstaltung am 18. November 2010 in der Taekwondoschule Mosan e.V. in Hamburg (D), zerschlug Taekwondomeister Muhamed Kahrimanovic (BIH) **in einer Minute 55 Baseball-Schläger nur mit der Hand**, wodurch er seine Rekord-sammlung um einen weiteren Weltrekordtitel eweiterte.

PAARWEISE ZERSCHLAGENE KOKOSNÜSSE

Am 15. November 2012 gelang es Muhamed Kahrimanovic (BIH) in der Volksbank Arena in Hamburg 16 Kokosnuss-Paare zu zerschlagen. Bei dieser Rekordkategorie müssen die Nüsse paarweise vollständig zertrümmert werden, und zwar jede Nuss eines Paares mit einer ihr zugeordneten Hand.

EINZELN ZERSCHLAGENE KOKOSNÜSSE In der TV-Show das »*Sommer-fest der Rekorde*« (ARD, D) konnte Muhamed Kahrimanovic (BIH) am 4. Juni 2011 den von ihm seit 2005 regelmäßig verbesserten Welt-rekord für die »**meisten in einer Minute zerschla-genen Kokosnüsse**« auf 118 der harten Palmfrüchte hoch-schrauben.

ENERGIE AUF DIE DOSE

Muhamed Kahrimanovic (BIH) hält auch den Weltrekord für die **»meisten in einer Minute mit der Hand zerschlagenen Getränkedosen«**. Auf der vor dem Prater-Gelände in Wien (A) gelegenen Kaiserwiese verformte er am 28. September 2008 auf der Veranstaltung *»Vienna Recordia«* 65 ungeöffnete Dosen mit je einem Faustschlag.

DIE HAMMERHAND IST HÄRTER ALS BETON

In einem beispiellosen Kraftakt holte Muhamed Kahrimanovic (BIH) am 16. März 2014 einen spektakulären Weltrekord auf der »Internorga« in Hamburg. Am Messestand seines Förderers Colarebell zerschlug er nur mit seinen Händen **23 handelsübliche Bordsteinplatten aus Massivbeton**. 888 kg der harten Platten wurden dabei per Hand zertrümmert. Für diese schon ohne Zeitlimit unglaublich klingende Aufgabe hatte der Rekordbrecher nach den Weltrekordregeln maximal eine Minute Zeit. Mindestens 20 zerschlagene Platten waren gefordert, um in dieser neu geschaffenen Rekordkategorie den Erstrekord zu erzielen.

FLASCHEN ÖFFNET MAN UNTENRUM

Am 17. November 2011 schlug Taekwondokünstler Muhamed Kahrimanovic (BIH) in seiner Taekwondoschule Mosan e.V. in Hamburg (D) **in einer Minute 66 mit Wasser gefüllten Glasflaschen mit der Handkante den Boden heraus.**

KOKOS-NUSS-GEFAHR

Laut einer Untersuchung zu »Verletzungen aufgrund fallender Kokosnüsse« hat die Kokosnuss durch ihr Gewicht und die Geschwindigkeit, die sie beim Fallen gewinnt, beim Aufprall eine Gewichtskraft von über einer Tonne. Es wird geschätzt, dass weltweit 150 Menschen pro Jahr durch herabfallende Kokosnüsse sterben.

MARATHONMANN JOEY KELLY

UNTER WASSER

Joey Kelly (D) setzte im Rahmen des RTL Spendenma-rathons 2011 eine neue Weltbestmarke für die **»längste Unterwasser-Laufstrecke in 24 Stunden«** bei der er unter Wasser stolze 16,39 km zurücklegte. Am 17. November, 18 Uhr, stieg Joey in einen vor dem Spenden-marathonstudio in Hürth (D) aufgestellten, 5,40 m langen Wassertank, den er am 18. November um 18 Uhr wieder verließ. Bei der Aktion erzielte er mit seinen Sponsoren 115.000 EUR für den RTL-Spen-denmarathon.

RTL SPENDEN-MARATHON

Jeder Cent der Spenden-gelder kommt ohne Abzug der »Stiftung RTL – Wir helfen Kindern e.V.« zugute, die Kinder-Hilfsprojekte unterstützt. Seit dem ersten Spen-denmarathon 1996 kamen mehr als 143 Mio. EUR Spendengelder zusammen, unermüdlich einge-worben von Wolfram Kons (D) mit seinem Team und zahlrei-chen Prominenten.

24 STUNDEN AUF DEM HOCHSEIL

Im Rahmen des RTL-Spendenmarathons nahm Joey Kelly (D) am 18./19. November 2010 ein großes Wagnis auf sich — und war trotz widrigen Wetters erfolgreich bei der **»längsten Hochseilstrecke in 24 Stunden«**. Auf dem MMC-Studiogelände in Hürth (D) legte er in 24 Stunden 15,68 km auf einem Hochseil zurück. Das Seil war 11 m lang und in 11 m Höhe vor dem Studiofoyer installiert. 90.000 EUR an Spenden kamen mit Joeys Aktion zusammen, die dann der »Stiftung RTL – Wir helfen Kindern e.V.« zugute kamen.

TAG UND NACHT IM SCHLEUDERGANG

Beim RTL Spendenmarathon am 23./24. November 2006 rotierten Joey Kelly (D) und sein Partner Freddy Nock (CH) 24 Stunden in einem sogenannten »Todesrad«, einem doppelten Laufrad, das sich um die eigene Achse dreht. Dabei holten sie sich den Weltrekord für die **»meisten Umdrehungen im Todesrad in 24 Stunden«**. Sie legten bei 43.077 Höhenmetern 135,3 km zurück und rotierten 9.088-mal um die eigene Achse.

BULLEN-BEZWINGER MIT SITZFLEISCH

Im zeitlichen Rahmen des RTL-Spendenmarathons ritt Joey Kelly am 21./22. November 2013 in der Eingangshalle der Mediengruppe RTL in Köln (D) 24 Stunden 20 Minuten auf einem elektrischen Bullen. Mit dieser Ausdauerleistung sicherte sich Joey Kelly seinen 5. Weltrekordtitel und konnte 115.000 EUR an Spendengeldern zusammenbringen. Bei seinem Nonstop-Ritt durfte Joey Kelly den Elektro-Bullen nur nach jeder vollendeten Stunde für fünf Minuten verlassen. Während seines Ritts musste er sich mit mindestens einer Hand am Sattelgriff festhalten.

WAGHALSIG SCHNELL

IM SPEEDBOAT VON FLORIDA NACH KUBA

Der aus Düsseldorf (D) stammende Ex-Eishockey-Profi und Unternehmer Roger Klüh (D) legte die 110 Seemeilen zwischen Key West in Florida (USA) und Havanna auf Kuba in weniger als in zwei Stunden zurück. Am 1. August 2015 machte er sich mit einer dreiköpfigen Besatzung an das Übertreffen der Rekordmarke von 6 Stunden 23 Minuten aus dem Jahr 1958. Und obwohl die Rekordfahrt nicht komplett störungsfrei verlief, schafften sie die Strecke in 1 Stunde 45 Minuten und sicherten sich den Weltrekord für die »schnellste Querung des Golfs von Mexiko im Motorboot«. Doch der Rekord war für Roger nicht das Wichtigste. Sein primäres Ziel war es, die beiden Küsten auch im übertragenen Sinn zu verbinden und so ein Zeichen zu setzen für Völkerverständigung – woran in den letzten 50 Jahren aufgrund der Eiszeit zwischen den USA und Kuba nicht zu denken war.

FURIOSER MATRATZEN-RUN

Mit einer Matraze der Firma »Erich Winkle Matratzenfabrik« aus dem sächsischen Werdau (D) sauste Rolf Allerdissen (D) am 10. April 2010 auf dem Pitztalgletscher in Tirol (A) eine 200 m lange und 38° steile Piste am Brunnenkogel hinab – Weltrekord für die »schnellste Matratze auf Schnee«. Kopf voran und die Nase wenige Zentimeter über dem Schnee, vertraute Allerdissen auf die Qualität seines Renngefährts. Der Lohn ist neben der Rekordurkunde die Gewissheit, mit 100,18 km/h am schnellsten auf einer Matratze im Schnee gefahren zu sein.

WOK FATAL IM EISKANAL

Wok auf Eis, bis der Kanal glüht. Am 9. Januar 2011 befeuerten mutige Piloten aus drei Ländern in der 1.270 m langen Olympia-Bobbahn in Igls (A) ihre Woks, und brachten das gefrorene Wasser sprichwörtlich zum Kochen, als sie den Weltrekord für den »schnellsten 4er-Wok« erzielten. Und tatsächlich: »Team Deutschland« holte in Igls (A) mit rasanten 96,91 km/h den offiziellen Weltrekord.

Team Deutschland:
96,61 km/h (WR)
The Red Wok Chili Rockers (Tom Kaules, Jens Scherer, Andreas Köhnke, Rolf Allerdissen)

Team Schweiz:
96,23 km/h
Swiss Wok Team (Ursin Tanner, Ueli Gut, Paulin Gianom, Matthias Schildknecht)

Team Österreich:
95,75 km/h
Hexenkessl/ Pitztal (Helli Eiter, Phillip Eiter, Frederick Eiter, René Walser)

9

FORMEL-1-PILOT DER EXTRAKLASSE

Der ehemalige Ferrari-Pilot Michael Schumacher (D) fuhr von 1991 bis 2006 insgesamt 77-mal die **schnellste Runde bei einem Formel-1-Rennen«**. Am 14. September 2003 siegte er im »*Großen Preis von Italien*« in Monza (I) im Ferrari mit der Durchschnittsgeschwindigkeit von 247,585 km/h. Dieser Weltrekord für das **»schnellste Formel-1-Rennen«** ist seither aller technischen Fortschritte zum Trotz unübertroffen.

MEGASPEED AUF DEM VULKAN

Neun Jahre hatte er Bestand, der Weltrekord des Franzosen Eric Barone, der im Mai 2002 den »Cerro Negro« in Nicaragua auf einem Mountainbike hinabgesaust war.

Damals holte er die Geschwindigkeitsweltrekorde für Serienfahrräder und für Prototypen, bis er im Auslauf der Strecke durch einen Bruch des Carbonrahmens an seinem Rad einen Sturz hinlegte, der das Ende für seine Karriere als Hochgeschwindigkeitsfahrer bedeutete. Doch dann kehrte er am 17. Mai 2011 als Organisator eines neuen Weltrekordversuchs an den Ort des damaligen Geschehens zurück, als ihm dort Markus Stöckl (A, abgebildet) auf der 550 m langen Strecke vom Kraterrand bis an den Fuß des noch immer aktiven Vulkans den Geschwindigkeitsweltrekord für Serien-Mountainbikes abnehmen wollte. Und Markus Stöckl schaffte es tatsächlich: Um einen Stundenkilometer verbesserte der Kitzbüheler die Weltrekordmarke für die **»schnellste Schotter-Abfahrt auf dem Serien-Mountainbike«**, und erreichte auf der 45° steilen Piste eine unglaubliche Geschwindigkeit von 164,95 km/h. Und der erste Gratulant war natürlich – Eric Barone.

164,95 km/h

HÄRTER ALS STAHL
Die gewichtsspezifische Steifigkeit von Kohlenstoff- oder Carbonfasern in Faserrichtung ist deutlich höher als Stahl (ungefähr Faktor 2). Auf diese Weise entsteht ein besonders steifer Werkstoff, der sich für Anwendungen eignet, bei denen es auf eine geringe Masse bei gleichzeitig hoher Steifigkeit ankommt.

HARTE KERLE

SCHIENBEIN TRIFFT BASEBALLSCHLÄGER

Der zweifache Kung-Fu-Europameister Kerim Duygu (D) zertrümmerte beim »Martial Arts Day« in der Sporthalle Prinz-Albrecht-Ring am 4. Juni 2016 in Hannover (D) in nur einer Minute 65 Baseballschläger mit seinem Schienbein – zehn mehr als ursprünglich geplant! Mit dieser sensationellen Leistung holte Kerim nicht nur den Weltrekord für die **»meisten mit dem Schienbein zertretenen Baseballschläger (1 Min.)«**, sondern übertraf die vom Japaner Nobuaki Kakuda seit 2009 gehaltene vorherige Rekordmarke um 11 Schläger. Kerim trainierte täglich rund eine Stunde, um sich optimal auf das Überbieten der Rekordmarke vorzubereiten. Nebenbei leitet er ein Kampfkunst-Center in Hannover und trainiert dort unter anderem Kinder in Selbstverteidigung.

STADTHAGENER MIT SPRITZIGEM EI-BRUCH-TEST UND SANFTER HAND

Ohne dass das in der Schlaghand gehaltene rohe Hühnerei beschädigt wurde, zertrümmerte Kampfsportler Bernd Höhle (D) im Anschluss an eine Vorstandssitzung der »Martial Arts Association – International« am 15. Juli 2016 in Stadthagen (D) 16 Getränkedosen in 30 Sekunden und erzielte auf diese Weise den Weltrekord für die **»meisten mit der Hand zerschlagenen Getränkedosen mit rohem Ei in der Hand«**.

EINE SPRITZIG-DYNAMISCHE ANGELEGENHEIT

Auf einer von der Hamburg Recordia i.G. organisierten Veranstaltung zum »Internationalen Weltrekordtag« am 14. November 2013 durchnässte Muhamed »Hammerhand« Kahrimanovic (BIH) in Hamburg (D) sich selbst und umstehende Zuschauer, als er bei seinem Rekord für die **»meisten in einer Minute paarweise mit der Handkante zerschlagene Getränkedosen«** 50 Dosen im Rekordtempo pulverisierte.

SCHRAUBSTOCK-HÄNDE

Auf dem RID-Rekordtag im Holmes Place in Hamburg (D)
holte sich der aus TV-Shows wie »*Wetten, dass..?*« (ZDF,
D) bekannte Frank Herbst (D) am 10. November 2014 mit
18 Dosen den Weltrekord für die »**meisten in einer Minute
zerquetschten Getränkedosen«.** Am 31. Juli 2016 schraubte Frank die Weltrekordmarke auf sensationelle 27 Dosen,
als er in der Live-TV-Show »*Fernsehgarten*« (ZDF, D) gegen
das »tschechische Kraftpaket« René Richter antrat.

DER EISERNE ELLENBOGEN

Der amtierender Weltrekordhalter im »**Kokosnuss-Zer-
schlagen mit dem Ellenbogen«,** Edin ‚Kaja‘ Kajevć (BIH),
versuchte sich am 25. April 2015 bei einer Veranstaltung
in Visiko (BIH) im Zerschmettern von vollen Halbliter-
Getränkedosen, die auf eine Höhe von mindestens 3 cm
zusammengedrückt werden müssen. Mit 62 zerdrückten
Dosen hält er den Europarekord in der Disziplin »**meiste mit
dem Ellenbogen zerschmetterte Getränkedosen (1 Min.)«.**

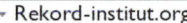

FEUERKÜNSTLER

FEUER UND FLAMME FÜR WELTREKORDE

Am 23. November 2013 über-bot Stuntman Joe Tödtling (A) auf dem Betriebsgelände der Berufsfeuerwehr Salzburg (A) den »**längsten Ganzkörper-brand (ohne Sauerstoff-maske)**« und sicherte sich mit 5 Minuten 41 Sekunden den Weltrekord in dieser Kategorie. Die vorherige, um ganze 16 Sekunden kürzere Bestmarke hatte US-Stunt-man Jayson Dumenigo im März 2011 erzielt, und damit Denni Düsterhöft (D) den Weltrekord aus dem Jahr 2010 abge-nommen.

OBERPFÄLZER FEUERWIRBEL

253 Hobby-Feuerkünstler waren der Einladung der Feuershow-truppe Ameno Signum e.V. am 1. September 2012 in Neun-burg vorm Wald (D) gefolgt, um gemeinsam 3 Minuten lang jeweils einen Poi – ein etwa faustgroßer Feuerball, der an einer Stahlkette befestigt ist – in kreisender Bewegung vor dem Körper zu schwingen. Lediglich drei Pois erloschen beim Kreisen und so steht der neue Weltrekord bei 250 Feuer-künstlern für die »**meisten Per-sonen beim Feuerwirbeln**«.

5:41 min

Josef »Joe« Tödtling ist ein erfolgreicher österreichischer Stunt-man (u.a. bei dem Film »The Monuments Men«) und Schau-spieler (u.a. in dem Film »Point Break« und der Serie »Sense8«). Daneben ist eine der großen Leidenschaften des 36-jährigen sportlichen Obersteirers das Brechen von Weltrekorden.

250 m

Denni Düsterhöft aus Hamburg (D) ist im Hauptberuf Geschäftsführer einer Brandschutzfirma. Der Energieelektroniker macht seit 20 Jahren Feuershows.

DER FEUERFACKEL-LAUF

Zum 25. Jubiläum von »Appen musiziert« am 20. September 2015 hatte Veranstalter Rolf Heidenberger (D) ein hochwertig besetztes Musikprogramm auf die Bühne gebracht, bei dem sich unter anderem Boney M., Michael Holm, Torfrock, die Wildecker Herzbuben, Nicole und Rolf Zuckowski gegenseitig das Mikro in die Hand gaben. Kurz vor dem Abschluss-Feuerwerk gab es dann noch einen spektakulären Höhepunkt. Feuerstunt-Experte Denni Düsterhöft (D) aus Hamburg (D) hatte sich vorgenommen, den Weltrekord zu verbessern, den er erst im August bei »Galileo – die Woche der Extreme« (ProSieben, D) nach Deutschland zurückgeholt hatte. Komplett in dreilagige Schutzkleidung gehüllt und mit Brennflüssigkeit überschüttet, bewältigte er nach dem Entzünden die **»längste Laufstrecke als lebende Fackel«** und holte sich mit einer gelaufenen Strecke von 250 m den Weltrekord. Die Veranstaltung »Appen musiziert« hat seit der Gründung Spendengelder in Höhe von 6 Mio. EUR für schwerstkranke Kinder gesammelt.

Showmaster **Florian Silbereisen** (D) ließ sich von Denni inspirieren und trainieren und versuchte am 17. März 2013 in seiner Live-TV-Show »Das Frühlingsfest der 100.000 Blüten« (ARD, D) selbst diesen Stunt. Obwohl dieser erfolgreich verlief, schaffte Florian es nicht, Denni seinen Rekord abzunehmen.

POWER-KIDS

KONZENTRATION IM SEITSPAGAT

Der 13-jährigen Xena Britzius (*7.10.2003, D) wurde das Kampfsport-Gen bereits in die Wiege gelegt, betreiben doch ihre Eltern Sylvia und Jürgen (beide D) eine Kampfsportschule in Longen (D) an der Mosel. Dort gelang Xena am 22. Juni 2016 für die Dauer von 4 Minuten 2 Sekunden der »**längste Seit-spagat zwischen zwei stehenden Objekten**« in der Damenkategorie.

FUSS, HAND UND WEG

Taekwondo ist ein koreanischer Kampfsport. Die drei Silben des Namens stehen für Fußtechnik (Tae), Handtechnik (Kwon) und Weg (Do). Obwohl Taekwondo große Ähnlichkeiten mit anderen asiatischen Kampfsportarten aufweist, unterscheidet es sich in wesentlichen Punkten. So ist die Technik sehr auf Schnelligkeit und Dynamik ausgelegt. Außerdem dominieren Fußtechniken deutlicher als in anderen Kampfsportarten.

HAMMER-HAND, JR.

Härteste Materialien spektakulär zu Kleinholz zu machen, gehört zum Repertoire eines jeden Kampfsportlers, egal welchen Alters. Aus diesem Grund war Kijan Acuna (*13.12.2007, D) am 12. Juni 2016 zur Live-TV-Show »*Immer wieder sonntags*« (ARD, D) gekommen. Dort wollte er sich den Weltrekord im Walnüsse zerschlagen holen, um Trainer und Idol Muhamed Kahrimanovic (BIH) nachzueifern, unter anderem Weltrekordhalter im Zerschlagen von Kokosnüssen. (siehe S. 14/15). Doch den Weltrekord für die »**meisten in 90 Sekunden zerschlagenen Walnüsse**« sicherte sich Kijan erst am 3. Juli 2016 mit 195 Nüssen bei seinem Training in Hamburg (D).

VERRÜCKTES HUHN:
DER 90-SEKUNDEN-EI-WURF-BRUCHTEST

Wenn ausgerechnet der kleine Bruder die Einladung in eine TV-Show erhält, um dort einen spektakulären Rekordversuch zu zeigen, ist das eine ausgezeichnete Triebfeder, den eigenen Ehrgeiz zu wecken. So geschehen bei Alicia Acuna (*28.09.2004, D) aus Hamburg (D), nachdem ihr Bruder Kijan zu Stefan Mross eingeladen worden war. Und folgerichtig gelang es Alicia, am 8. Juni 2016 auf einer Veranstaltung ihrer Sportschule Mosan e.V. in Hamburg in 90 Sekunden 16 Bretter mit der Faust zu zerschlagen, während sie ein rohes Hühnerei mit der gleichen Hand in die Luft warf, um es nach jedem Schlag wieder aufzufangen – Weltrekord **beim Ei-Hochwerfen** für die **»meisten in 90 Sekunden zerschlagenen Bretter«.**

WELTREKORD ZUM TAEKWONDO-JUBILÄUM

Am 24. Oktober 2015 wurden »50 Jahre Taekwondo in Deutschland« mit einer großen Jubiläums-Gala in der Sporthalle Hamburg (D) feierlich begangen. Dazu organisierten die deutschen Taekwondo-Sportler der Verbände WTF, ITF und TTKD nicht nur ein umfangreiches Rahmenprogramm mit zahlreichen Live-Vorführungen, sondern auch einen spektakulären Weltrekordversuch für den Taekwondo-Nachwuchs. Für den als erfolgreich bestätigten Weltrekord **»größte Bruchtest-Staffel mit Kampfkunst-Fußtritten«** hatten 92 Taekwondo-Kids bis 13 Jahre nacheinander ein je 1 cm starkes Holzbrett mit Kampfsport-Fußtritten zerteilt, wobei jedem Teilnehmer nur ein Brett und höchstens zwei Tritte zur Verfügung standen.

STARKE TYPEN

MOTORRAD-FESTHALTER

Shahram Forutan (D), alias »Sherry Power«, hielt am 27. Oktober 2007 in der TV-Show »*Mega Clever*« (SAT.1, D) zwei in entgegengesetzte Richtungen fahrende Motorräder mittels an ihnen befestigten Seilen und hinderte sie 25 Sekunden lang am Losfahren. Bei den Maschinen handelte es sich um zwei baugleiche Ducati 1100S, die jeweils über etwa 98 PS verfügten. An jedem Motorrad wurde eine Zugkraft von 350 kg gemessen.

FITNESS AUF SCHWÄBISCH

Das schwäbische Gerstetten hat seit dem 15. April 2015 einen neuen Helden: Duc Tran (D), ein 30-jähriger Student der Fitness-Ökonomie und Trainer im Gerstetter »Fitness-Point«, holte mit 55 regelgerecht ausgeführten Liegestützen den Weltrekord für die **»meisten Liegestütze auf dem Handrücken mit 18-kg-Gewicht (1 Min.)«** in die Ostalb.

GEMEINSAM SIND WIR STARK

Am 5. Februar 2011 stemmten Matthias Steiner und Almir Velagic (beide D) beim »Ball des Sports« in Wiesbaden (D) eine 333,30 kg schwere Langhantel und erzielten damit den Weltrekord für die **»schwerste gemeinsam gehobene Langhantel«**. Die beiden Sportler mussten die Stange mit ausgestreckten Armen gleichzeitig über ihre Köpfe heben und dort halten.

IM ROLLSTUHL WAS BEWEGEN

Einen »bewegenden« Weltrekord erzielte am 10. Juli 2013 ein
25-köpfiges Team der Rollstuhlbasketball-Abteilung von Hannover United (D),
geleitet von Kapitän Tan Caglar (D). In ihren Rollstühlen zogen sie auf dem ehemaligen
NATO-Flugplatz Hopsten in Hörstel (D) ein aus drei vollgetankten LKW-Abschleppern
bestehendes und 50.080 kg schweres Gespann über eine Distanz von
100 m – das **»größte je durch ein Rollstuhl-Team
gezogene Gewicht«**.

ALLER-SCHNELLSTER REIFENWECHSEL

Der »schnellste Wechsel aller vier
Räder eines Fahrzeugs mit aus-
schließlich manuellen Werkzeugen«
beträgt 59,62 Sekunden, aufgestellt
am 31. Mai 2015 durch ein vierköpfiges
Mechanikerteam des Onlineshop-
Betreibers kfzteile24.de (D) auf dem
Lausitzring (D). Das zweite DTM-
Rennen der Saison 2015 bildete
die geeignete Kulisse für
den erfolgreichen
Weltrekord.

KNALLHARTES SIXPACK

Am 21. März
2009 stellte
Danijel Peric (D)
aus Hamburg (D)
in der Olym-
piahalle in
München (D) bei der
Live-TV-Show »Wetten,
dass..?« (ZDF, D) einen
neuen Weltrekord auf und
wurde damit Wettkönig des
Abends. Er lag zwischen zwei
Rampen und ließ 15 Autos mit
einem Gesamtgewicht von gut
16.500 kg über seine angespann-
te Bauchmuskulatur fahren – neuer
Weltrekord für die **»meisten in Folge
über den Bauch gefahrenen Fahrzeuge«**.
Während des Versuchs sang er zudem durchgängig den Schlager »O sole mio«.

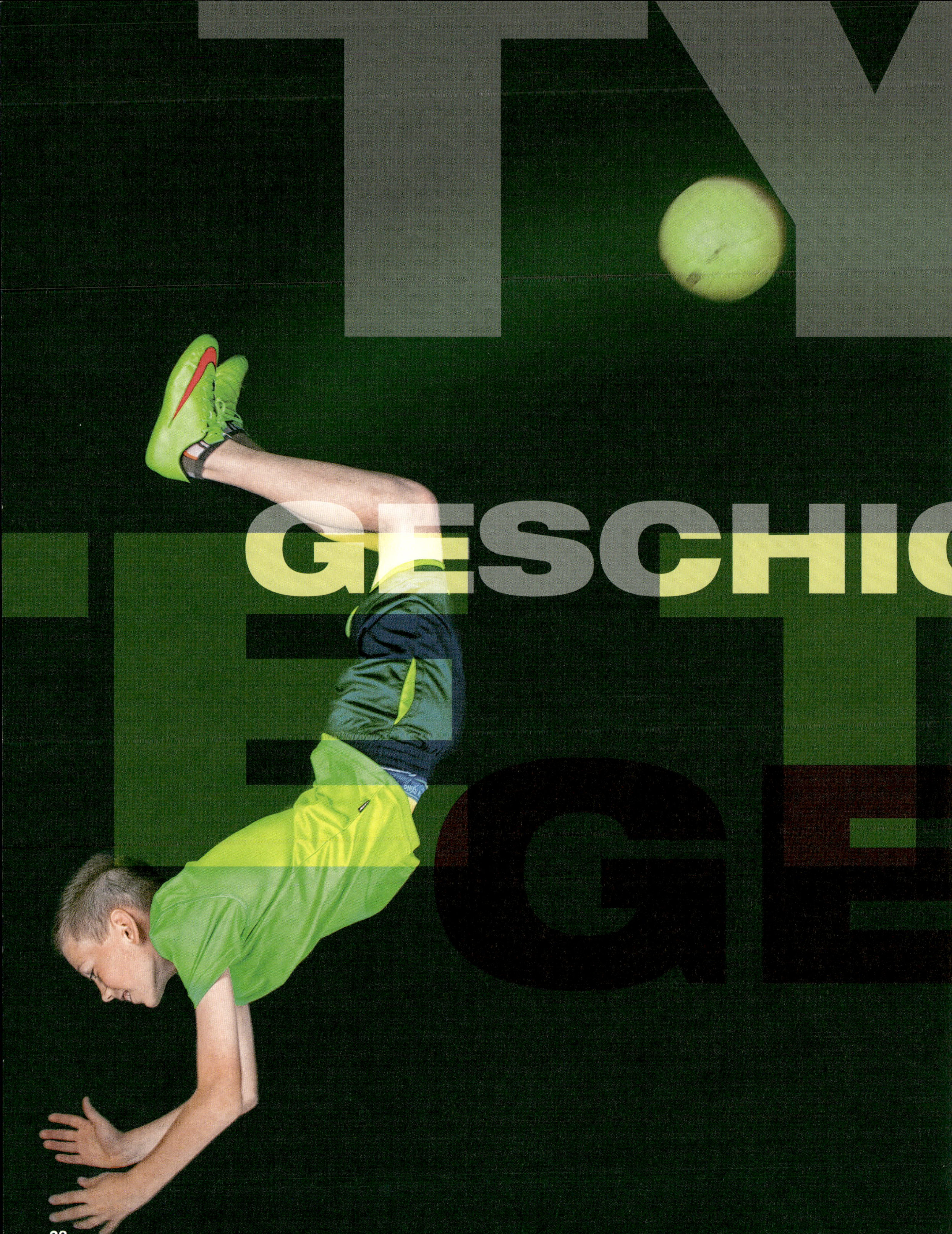

GESCHICKTE TYPEN

Beim Domino sind ruhige Hände Pflicht, der Pyramidenbau fordert den Statiker und
Wäsche aufhängen kann ganz schön dynamisch sein – unglaublich geschickte Typen zeigen
hier ihr Können und bringen uns mit ihren Fähigkeiten immer wieder zum Staunen.

KETTENREAKTIONEN

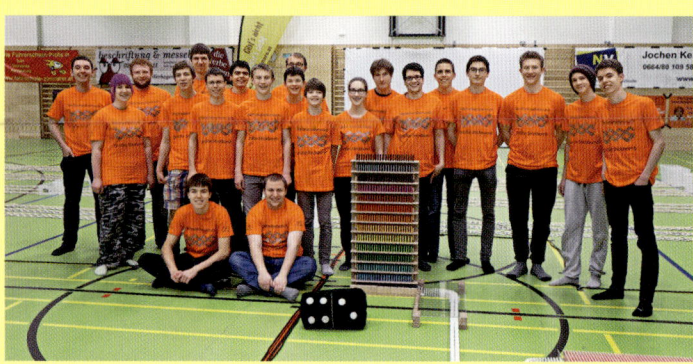

WARENER PYRAMIDENBAU

Im Müritzeum in Waren an der Müritz (D) gelang es Kevin Pöhls (D) am 14. Februar 2015, den Weltrekord für die »**größte Domino-Pyramide**« nach Mecklenburg-Vorpommern zu holen. Zusammen mit Tobias Demuth (D) aus Denkendorf (D), baute er eine Pyramide aus 18.447 Domino-Steinen, die nach dem Anstoß vollständig in sich zusammenfiel.

EXPLOSIVE SPATELBOMBE

Auch mit einem hölzernen Mundspatel lassen sich trefflich Kettenreaktionen erzeugen und Weltrekorde erzielen. So am 30. März 2015 im niederösterreichischen Tulln, als es einem 21-köpfigen Team aus Österreich, Deutschland und der Schweiz um Mathias Ritter und Marcel Pürrer (beide A) gelang, den Weltrekord für die »**größte Stick Bomb**« an die Donau zu holen. Dazu hatten sie 30.849 hölzerne Mundspatel (Sticks) zu einem unter Spannung stehenden Kreuzmuster verwoben, von außen angestoßen und so die Kettenreaktion einer Explosion gleich ausgelöst. Nach nur 27 Sekunden war dann die gesamte »Stick Bomb« explodiert und alle Spatel gefallen.

STEVE JOBS IN OBERHESSEN

Beim »Rewe-Domino-Event 2015« im hessischen Nidda (D) gab es am 15. August 2015 nicht nur die mit mehr als einer halben Million Steinen »**größte Domino-Kettenreaktion Deutschlands**«. Das Domino-Team um Patrick Sinner (D) hielt darüber hinaus sein Versprechen, auch drei Weltrekorde aufzustellen. Für die Rekordkategorie »**größtes Domino-Portrait**« hatte das 18-köpfige Team von Sinners Domino Entertainment 150.174 weiße, graue und schwarze Domino-Steine aufrecht auf den Hallenboden gestellt, um so ein riesiges, 72 m² großes Konterfei von Steve Jobs (USA) zu erzeugen. Bei der erfolgreichen durchgehenden Kettenreaktion der fallenden Steine fielen auch alle Steine des Bildfeldes um – Weltrekord geglückt.

STEINE AUF STEIN

Der Weltrekord für die »meisten auf einen stehenden Dominostein gestapelten Dominosteine« liegt bei 1.055. Aufgebaut wurde diese imposante Stapelei am 12. August 2014 im oberhessischen Büdingen (D) durch ein Team von Sinners Domino Entertainment um Patrick Sinner (D) im Rahmen eines Domino-Rekord-Events. Den Regeln entsprechend muss der Domino-Stapel eine Stunde lang frei stehen, was diese Konstruktion mit 1 Stunde 26 Minuten 11 Sekunden beeindruckend meisterte.

MEISTE IN KREISFORM UMGEWORFENE DOMINOSTEINE

Die mit 54.321 Steinen weltweit »meisten in Kreisform umgeworfenen Dominosteine« gab es bei einem Event von Sinners Domino Entertainment am 16. August 2014 in Büdingen (D). Dort hatte ein 15-köpfiges internationales Team um Patrick Sinner (D) einen hessischen »Domino Day« veranstaltet, bei dem auch weitere Weltrekordversuche erfolgreich waren.

DOMINO-GESCHICHTE

Die Geschichte der Domino-Kettenreaktionen begann Anfang der 1970er-Jahre in den USA. Bob Speca (USA), Pionier der Domino-Rekordjagd, holte sich 1974 den ersten Weltrekord mit 11.111 gefallenen Steinen. Seitdem wurde die Steinzahl kontinuierlich gesteigert. 1984 kam das deutsche Team um Klaus Friedrich (D) mit 281.581 gefallenen Steinen in die Liste. Aktuell steht der Rekord bei 4.491.863 Steinen.

SONIMOD – DOMINO MAL ANDERS

Am 11. Juli 2015 versuchten sich Daniel Huwiler und Jonas Oswald (beide CH), das Team von »Swiss Domino Effect«, in der Aachtalhalle in Erlen (CH) am Rekord für das »größte Domino-Feld in Sonimod-Technik«. Bei dieser Art des Aufbaus werden die Steine nicht hochkant aufgestellt, sondern schräg angeordnet, mit einer Ecke auf dem Boden und aufeinander abgestützt. Daniel und Jonas errichteten ein Sonimod-Feld mit 13.642 Steinen, das damit eine Länge von 5,5 m und eine Breite von 3,20 m erzielte, und brachten es gezielt im Rahmen einer Kettenreaktion zum Einsturz, womit die beiden 16-jährigen Schweizer ihren insgesamt 4. Weltrekord aufstellten.

GROSSE STRUKTUREN

GETRÄNKEKISTEN GEGEN DEN BRAND

Einen ganz besonderen Weltrekord hat die Freiwillige Feuerwehr aus Bottrop-Feldhausen (D) am 17. Januar 2015 im wahrsten Wortsinn aufgestellt: Aus 4.734 leeren Getränkekisten und zahllosen Kabelbindern baute sie anlässlich ihres 75-jährigen Bestehens eine XXL-Kopie ihres Feuerwehrautos. Diese »größte Getränkekistenskulptur« ist 15,57 m lang, 5,57 m hoch und 4,72 m breit. Insgesamt waren mit dem Aufbau rund 40 Personen fast 15 Stunden beschäftigt.

KISTEN STAPELN

Auch als Solodisziplin ist Kistenstapeln eine beliebte Form des Wettstreits. Ziel beim Kistenstapeln ist es, sich als Stapler auf den Kisten in die Höhe zu schrauben und möglichst viele Kisten aufeinanderzustapeln, bevor der Turm zu Fall kommt. Der Stapler muss bei diesem Wettstreit natürlich durch Seile gesichert sein. Die aktuelle Bestmarke liegt bei 49 Bierkisten, aufgestellt vom Österreicher Christof Riesenhuber.

PAPPBECHER-PYRAMIDE

Die Architekturstudenten Melanie Lütkefent, Vanessa Höft, Miriam Plümer, Arman Schlieker und Damian Krey (alle D) bauten am 8. Oktober 2010 in Zusammenarbeit mit der Aral AG im DuMont Carré in Köln (D) aus 22.140 Papp-Kaffeebechern die zum Zeitpunkt ihres Baus **»größte Papp-Kaffeebecher-Pyramide der Welt«**. Acht Stunden benötigten die Bauherren, um die Becher zu dem beeindruckenden 4,16 m hohen Bauwerk mit einer Grundfläche von 3,44 m x 3,44 m aufzutürmen. Der kontrollierte Einsturz durch eine Kindergruppe war dagegen in wenigen Augenblicken erledigt. Doch seit dem 20. Februar 2012 halten die deutschen Studenten mit ihrer Leistung nur noch den Europarekord. Denn an diesem Tag vollendete ein Team aus Indien um Nikunj Kumar Tomar (IND) eine Pyramide aus 31.395 Papp-Kafeebechern und sicherte sich so den Weltrekord, den es noch immer hält.

MIT GETRÄNKEKISTEN HOCH HINAUS

Die **»größte Getränkekistenpyramide der Welt«** besteht aus 105.995 Leerkisten und ist 12,90 m hoch. Sie wurde von der Quandt-Schön Getränkefachhandelsgesellschaft mbH und Radio MV mit 60 freiwilligen Helfern in Satow (D) gebaut und am 5. Juni 2011 fertiggestellt.

HAARIG, HAARIG

Zum 20-jährigen Firmenjubiläum und dem runden Geburtstag von Geschäftsführer Ewald Lanzl (A) schenkten ihm die Mitarbeiter von »KLIPP unser Frisör« einen Weltrekordversuch. Dieses Geschenk setzten sie am 21. Juni 2009 auf der Jubiläumsfeier in Wels (A) um, indem sie mit 2,66 m die weltweit **»höchste Hochsteckfrisur«** kreierten. Mit 13 Packungen Kunsthaar, Holzstäben, Nägeln, einem Styropor Ring, PU-Schaum, Draht, Heißkleber, Bambusstöcken, Haarnadeln, Spray und getrockneten Blumen machten sich drei FrisörInnen ans Werk und verarbeiteten zwei Tage lang 22 m Kunsthaar zu einem haarigen Ungetüm, das bei dem Event feierlich von einem Model auf dem Kopf balanciert wurde.

IMMER IN BEWEGUNG

FRISCHE WÄSCHE IM SCHLEUDERGANG

Das 14-köpfige Cheerleader-Team der »Maniacs« aus Elmshorn (D) hält den Weltrekord für die **»meisten beim Hochgeschleudertwerden auf die Leine gehängten Wäschestücke«**. Hierfür muss das Team »fliegend« Kleidungsstücke auf eine in 5 m Höhe gespannte Wäscheleine hängen, und dort mit Klammern fixieren, wofür maximal drei Minuten Zeit zur Verfügung stehen. Um die Distanz zur Wäscheleine zu überwinden, wird ein Teammitglied von fünf Werferinnen in die Höhe geschleudert, während ein weiteres nach oben geworfenes Mitglied dafür sorgt, die Wäsche mit Klammern zu befestigen. Erstmalig aufgestellt wurde der Schleuderrekord mit zehn Wäschestücken in der letzten Ausgabe der TV-Show »Wetten, dass..?« (ZDF, D), am 13. Dezember 2014, live gesendet aus Nürnberg (D), und am 12. Juni 2016 in der TV-Show »Immer wieder sonntags« (ARD, D) auf elf Kleidungsstücke verbessert.

BOCKLOS

Die niedersächsische Landeshauptstadt Hannover verpasste beim »Thementag Sport« am 6. Juni 2015 den Weltrekord im Bocksprung. Um die Weltbestmarke (2010 in Neuseeland aufgestellt) zu knacken, hätten mehr als 1.348 Teilnehmer auf der Wiese am Rathaus antreten müssen. Es erschienen aber nur 288 Bockspringer. Immerhin: Es reichte zum deutschen Rekord – dazu waren mehr als 250 Bockspringer erforderlich.

IM MIXED-TEAM ZUM REKORD

Auf einer von der Hamburg Recordia i.G. organisierten Veranstaltung zum Internationalen Weltrekordtag am 14. November 2013 begeisterten Melisa Dzemali und Manuel Acuna (beide D) die Zuschauer mit den **»meisten Bocksprüngen in einer Stunde (2er-Team, Mixed)«**, als sie den Rekord auf sagenhafte 1.344 Sprünge hochschraubten.

DIE LEITER HOCH AUF EINEM BEIN

Jonas Hoefer (D) aus Hamburg (D) ist Leiter-Spezialist. Im Dezember 2013 schraubte er auf einer Veranstaltung in Hamburg (D) den Weltrekord in der Disziplin »**meiste in einer Minute auf einem Bein erklommene Leiterstufen**« auf herausragende zwölf Stufen. Diesen Rekord bestätigte er am 10. August 2015 im Rahmen von »Galileo – die Woche der Extreme« des Infotainment-TV-Magazins »*Galileo*« (ProSieben, D) in München (D).

DIESE ZWEI HERREN HATTEN BOCK

Eine ganze Stunde Bockspringen – einen Sprung alle drei Sekunden. Diese sehr sportliche Aufgabe stellten sich Steve Schild (CH) und sein Partner Sebastian Astelbauer (A) am 28. Juni 2015 in der Live-TV-Show »*Immer wieder sonntags*« (ARD, D). Um den Rekord für die »**meisten Bocksprünge in einer Stunde (2er-Team, Herren)**« zu brechen, musste die alte Bestmarke von 1.344 Sprüngen überboten werden. Nach 1.653 korrekt ausgeführten Bocksprüngen konnte Rekordrichter Olaf Kuchenbecker (D) schließlich die Weltrekord-Urkunde an Steve und Sebastian überreichen.

AUF DEM RAD

20.616 METER ABWÄRTS

Mit der Mission, im »Singletrail« – dem Bergabfahren von Wanderwegen mit dem Moutainbike – im 2er-Verbund innerhalb von 16 Stunden so viele Höhenmeter wie möglich zu machen, waren die beiden Schweizer Ken Imhasly und Alain Gwerder am 11. Juli 2015 in Fiesch im Oberwallis (CH) angetreten. Mit exakt 20.616 Höhenmetern erkämpften sie sich den Weltrekord für die **meisten an einem Tag erzielten Mountainbike-Abfahrts- höhenmeter«**.

VELOZIPED KONTRÄR

Der Ingenieur und passionierte Radler Markus Riese (D) aus Weiterstadt (D) legte am 24. Mai 2003 auf dem Vereinsgelände des VC Darmstadt 1899 e. V. auf der dort befindlichen Tartanbahn in einer Stunde 29,1 km in Rückwärtsfahrt auf einem Fahrrad zurück, wobei er mit dem Rücken zur Fahrtrichtung auf dem Lenker sitzend pedalierte.

FÄSSER-HOPPING

Trail-Bike-Spezialist Max Schrom (D) aus Darmstadt (D) sicherte sich am 15. Juli 2012 im Europa-Park in Rust (D) den Weltrekord für das **„schnellste Überqueren von neun Fässern mit dem Fahrrad«**. Den schwierigen Parcours bewältigte er in sensationellen 24,975 Sekunden, wobei er für die Sendung *»Wir holen den Rekord nach Deutschland«* (RTL2, D) gefilmt wurde.

HINDERNISPARCOUR AUF DEM HINTERRAD

Eine weitere Höchstleistung erzielte Max Schrom (D) am 30. August 2015 in Rust (D) mit dem offiziellen Erstrekord **»Fahrradsprünge über am Boden liegende Personen in einer Minute«**, in der von dort übertragenen Live-TV-Show *»Immer wieder sonntags«* (ARD, D). Max schaffte 31 Hüpfer ohne Berührung der menschlichen Hindernisse und sicherte sich damit den Weltrekord.

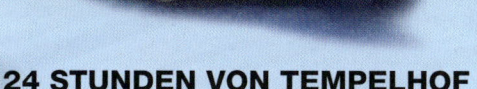

24 STUNDEN VON TEMPELHOF

Eine unglaubliche Leistung von Christoph Strasser (A) auf dem Gelände des ehemaligen Flughafens Berlin Tempelhof (D): In 24 Stunden legte der Steirer am 20./21. März 2015 insgesamt 896,173 km zurück. Damit holte sich Strasser den Weltrekord für die **»weiteste Fahrradstrecke in 24 Stunden«**. Die Rekord-Fakten sind beeindruckend: Die ersten acht Stunden bewältigte der Österreicher mit einem Durchschnittstempo von über 40 km/h. Über die gesamte Strecke von fast 900 km trat er im Schnitt 37 km/h schnell und mit rund 250 Watt Leistung in die Pedale.

SUPERTALENTE

FLAGGE ZEIGEN EINMAL ANDERS

Der Franzose Nhat-Nam Lé konnte am 25. Oktober 2014 Jury und Publikum in der Sendung »*Das Supertalent*« (RTL, D) mit einer Rekord-Ausdauerleistung überzeugen. Im 90-Grad-Winkel hielt sich der Straßburger nur mit seinen Händen an einer vertikal aufgestellten Stange und erzielte auf diese Weise mit 1,11 Minuten den neuen Weltrekord für die »**längste Zeit als menschliche Flagge**«.

EIN EISENHARTER SCHLUCKSPECHT

Franz Huber aus dem bayerischen Garching (D) ist hauptberuflich Elektriker, sorgt aber in seiner Freizeit mit anderen Talenten für großes Aufsehen. In der Folge der TV-Show »*Das Supertalent*« (RTL, D), die am 3. Oktober 2015 ausgestrahlt wurde, faszinierte der Bayer in seiner Eigenschaft als Schwertschlucker das Publikum. Für den Titel »**meiste beim Schlucken um 180° gedrehte Schwerter**« musste er 13 Schwerter in seinen Hals einführen und diese dann um 180° drehen. Der spektakuläre Rekordversuch gelang im ersten Anlauf, und Huber holte sich damit souverän den Weltrekord.

OUTFITS IM SEKUNDENTAKT

Das Duo »Dreamfactory«, Natalie Breitenmoser-Tarabanova und ihre Kollegin Eli Simic, hält seit dem 13. Dezember 2014 den Weltrekord für die »**meisten Kostümwechsel in zwei Minuten**«. Dem Quick-Change-Duo aus der Schweiz gelang bei »*Das Supertalent*« (RTL, D) ein unglaublicher Umkleide-Akt, bei dem sie 18-mal ihre Kleidung wechselten, sich also insgesamt in 19 verschiedenen Outfits präsentierten.

ZUGPFERD MIT SCHWERT IM SCHLUND

Eigentlich heißt er Ian Brown (GB), aber er nennt sich »El Lurchio«. Der professionelle Schwertschlucker gilt als der erste Mensch, der gleich zwei Schwerter auf einmal in seinem Rachen parken kann. Dieses Kunststück vollführte er bereits 2012. Und er hielt dabei die Degen 13 Sekunden lang in seinem Schlund und erzielte so den Weltrekord in dieser Disziplin. In der TV-Show »Das Supertalent« (RTL, D) stellte der todesmutige Brite aus Fareham einen weiteren Weltrekord auf. In der am 8. November 2014 ausgestrahlten Folge setzte er eine neue Bestmarke für das »**schwerste am geschluckten Schwert gezogene Fahrzeug**«. Ian Brown holte sich den Rekord mit dem deutschen Trendvehikel, einem Bierbike. Um das Gewicht für den Rekordversuch zu erhöhen, wurde das Bierbike mit einigen Zuschauern beladen, sodass ein Gesamtgewicht von 1.733,25 kg erreicht wurde. Und tatsächlich: Das Bierbike bewegt sich, und Ian ist nun zweifacher Weltrekordhalter!

KÖRPEREXTREME

TREFFEN DER GIGANTEN

Am 29. September 2015 trafen sich in Vreden (D) nahe der deutsch-holländischen Grenze einige der größten Menschen der Welt zum Erfahrungsaustausch und zur Schuhanprobe in der Schuhmanufaktur Wessels. Mit ihrer Gesamt-Körpergröße von 11,67 m erzielten sie dabei den Weltrekord für die »Veranstaltung mit den größten Gästen«.

2,46 METER
Brahim Takioullah (MA),
zweitgrößter Mensch der Welt

2,51 METER
Sultan Kösen (TR),
größter Mensch der Welt

2,16 METER
Wilhelm Mörchen (D),
größter Mensch Münsters

2,32 METER
Abdramane Dembele (CI),
drittgrößter Mensch der Welt

2,22 METER
Rolf Mayr (D),
größter Mensch
Deutschlands

1,80 METER
Georg Wessels (D),
Schumacher der Riesen

MEIN KÖRPER IST MEIN KUNSTWERK

Rolf Buchholz (D) aus Dortmund (D) hält mit seinen 453 Piercings seit 2011 den Rekord als »meistgepiercter Mann der Welt«. Seitdem sind einige neue Piercings dazugekommen, aber auch Tattoos und sub- sowie transdermale Implantate (u. a. ein neues Paar Hörner), womit Rolf zum Stichtag 1. Januar 2013 insgesamt 510 Körperveränderungen vorzuweisen hatte, und damit der »Mann mit dem meisten Körperveränderungen« ist.

EINE FRAU MIT BESONDERER BIEGSAMKEIT

Große Popularität in Deutschland erreichte die in Leipzig (D) lebende Artistin Julia Günthel (KZ), mit Künstlernamen »Zlata«, beim »*Supertalent*« im Herbst 2008 mit ihren Auftritten als Schlangenfrau. Bereits ein gutes Jahr davor, am 23. November 2007, holte sie ihren ersten Weltrekord, als sie in Köln (D) in der TV-Show *Die größten Weltrekorde*« (RTL, D) beim Rückwärtsdehnen ihrer Wirbelsäule in nur 12 Sekunden das »**schnellste Zerplatzen von drei Luftballons zwischen Schultern und Oberschenkeln**« meisterte. Seit dem 25. August 2013 hält auch sie den Rekord für die »**meisten im Unterarmstand mit den Füßen geöffnete Kronkorken (90 Sek.)**«. Beim Saisonabschluss der Live-TV-Show »*Immer wieder sonntags*« (ARD, D) öffnete Zlata 9 Bierflaschen. Dabei ruhte ihr Körper auf den Unterarmen, und die Füße spannten sich von hinten nach vorn über ihren Kopf.

1:1
RIESENFUSS

Der 20-jährige Yeison Rodriguez aus Venezuela hat die »**größten Füße der Welt**«. Sein rechter Fuß hat eine Länge von 40,1 cm, der Linke ist 39,6 cm lang, womit er die deutsche Schuhgröße 66 benötigt. Und auch diese Größe hat Schumacher Georg Wessels (siehe oben) natürlich im Programm, zu dessen Kunden Yeison gehört.

SCHUHMACHER DER RIESEN

Seit 1981 führen die beiden Brüder Peter und Georg Wessels die gleichnamige Schuhmanufaktur im münsterländischen Vreden (D), die sich bereits 1977, noch unter dem Vater der beiden, auf Schuhe in Übergrößen spezialisiert hatte. Ursprünglich als »Werbegag« gedacht, den größten Menschen der Welt kostenlos passende Schuhe herzustellen, hat sich dieses Engagement im Laufe der Zeit zu einer echten persönlichen Mission entwickelt. In den letzten 30 Jahren waren es mehr als 500 Paar orthopädische Maßschuhe, welche die beiden Brüder auf diese Weise hergestellt und verschenkt haben – Weltrekord für die »**meisten im Laufe eines Arbeitslebens verschenkten Riesenschuhe**«.

FESTE FEIERN

In Feierlaune ist man nicht nur zu Weihnachten und Ostern, auch das bekannteste Volksfest der Welt, das Oktoberfest in München (D), lädt ein zum rekordverdächtigen Amüsieren. Lasst euch überraschen, wie Deutsche (und andere) feiern und welche Höchstleistungen dabei in Angriff genommen werden.

OKTOBERFEST(E)

OANS, ZWOA, OZAPFT IS

Das Ritual des Anzapfens ist für den jeweiligen Oberbürgermeister der Stadt München (D) stets eine besondere Herausforderung. Die Zahl der Schläge, mit dem der Zapfhahn mittels eines Holzhammers ins Bierfass getrieben wird, sorgt immer wieder für Gesprächsstoff. Die »meisten Schläge beim offiziellen Wiesn-Eröffnungs-Fassanstich« hatte Thomas Wimmer (D) 1950 mit 50 Schlägen zu verzeichnen. Rekordhalter mit den »wenigsten Schlägen« ist Christan Ude (D, oben abgebildet), der 2011 nur 2 Schläge benötigte.

A DIRNDLGWAND UND A KUÁZE

Ausgerechnet in Schwaben, genauer gesagt in Bad Schussenried (D), wird der aktuelle Trachten-Weltrekord gehalten. Die dort ansässige Privatbrauerei Schussenrieder veranstaltete am 4. Oktober 2014 auf ihrem Oktoberfest den Rekordversuch und versammelte 2.865 regelgerecht in Tracht gekleidete und offiziell gezählte Gäste – seitdem hält sie den offiziellen Weltrekord in der Kategorie »meiste Personen in Tracht«.

DEUTSCHLAND – VOLKSFESTLAND!

Zu den beliebtesten Freizeitangeboten in Deutschland zählen die 9.900 Volksfeste, Kirmessen und Märkte mit rund 148 Millionen Volksfestbesuchern pro Jahr. Das »älteste Volksfest« in Deutschland ist das seit 852 gefeierte »Lullusfest« in Bad Hersfeld (D), das am 16. November 1326 zum ersten Mal urkundlich erwähnt wurde.

PFERDEKUTSCHEN-KORSO BEIM WIESN-EINZUG

Am imposanten Einzug der Wiesn-Wirte, der erstmalig 1887 stattfand, nehmen rund 1.000 Mitwirkende und 40 Kutschen mit festlich geschmückten Pferdegespannen teil. Am traditionellen Trachtenumzug, der 1835 zum ersten Mal, und seit 1950 jährlich am ersten Wiesn-Sonntag stattfindet, machen 8.000 Aktive in historischen Festtagstrachten mit und laufen vom Maximilianeum aus auf einer sieben Kilometer langen Strecke bis zur Festwiese. Die Teilnehmerzahl macht ihn zum »größten Trachtenumzug der Welt«.

EINE MENGE MASS

Die Wiesn-Bedienung Anita Schwarz (D) aus Oberbayern stellte am 9. November 2008 im rheinland-pfälzischen Mesenich (D) den »Weltrekord im Maßkrugtragen« in der Damenkategorie auf. Beim Oktoberfest im Kloster Machern schaffte sie es, 19 mit Bier gefüllte Maßkrüge von einem Tisch aufzunehmen und über die Distanz von 40 m zu tragen. Dabei verschüttete sie weniger als 10% der Füllmenge.

MÜNCHNER OKTOBERFEST – DAS BIERFEST DER SUPERLATIVE

- Was am 17. Oktober 1810 mit einem Pferderennen zu Ehren des königlichen Brautpaares Ludwig von Bayern und Prinzessin Therese von Sachsen-Hildburghausen begann, ist heute das bekannteste und nach Besucherzahlen »größte Bierfest der Welt«.

- 1985 besuchten 7,1 Mio. Gäste das Münchner Oktoberfest – Rekord für die »meisten Oktoberfest-Besucher aller Zeiten«.

- 1989 verputzten die Wiesn-Besucher 775.674 Brathähnchen – Rekord für die »meisten verspeisten Hendl«.

- 2011 stellte das Sicherheitspersonal 226.000 entwendete Maßkrügen sicher – Rekord für die »meisten sichergestellten Maßkrüge«.

- Rekordverdächtig viel Bier getrunken wurde vom 17. September bis zum 3. Oktober 2011: Die Gäste konsumierten in 35 Festzelten rund **7,5 Mio. Liter**!

FROHE WEIHNACHTEN

DER KUCHEN-KILOMETER

Zur Wohltätigkeitsaktion »Herzenssache« des SWR backten Stefan Koch und Konrad Friedmann (beide D) den mit 1.052,30 m »**längsten Lebkuchen der Welt**«. Nach Ausstellung in der Dauergartenschau »Blühendes Barock« in Ludwigsburg (D) und nach der dort vorgenommenen offiziellen Messung wurde der lange Lebkuchen am 18. Dezember 2009 in kleinen Stücken gegen Spenden an die Öffentlichkeit abgegeben und von dieser verspeist, dadurch wurden insgesamt 89.371,83 EUR an Spendengeldern eingenommen.

GELENAUER SCHWIBBOGEN

Der »größte Lichterbogen«, oder auch »Schwibbogen« ist 36,90 m breit und 19,98 m hoch und enthält 34 überdimensionierte elektrisch betriebene »Kerzen«. Der mit zwei 4,50 m hohen und weiteren hölzernen Figuren und Elementen geschmückte Bogen wurde von der Familie Scherzer und der JR Carport & Holzbau GmbH in Gelenau (D) gebaut und an der Fassade ihres Unternehmenssitzes angebracht.

PHÄNOMENAL PYRAMIDAL

Die »größte Weihnachtspyramide« wurde von der Holzwerkstatt Hartmann im südwestpfälzischen Busenberg (D) im Auftrag der Gastronomin Kerstin Renz (D) aus Karlsruhe (D) gebaut. Die Pyramide ist 26,50 m hoch und verfügt über sieben Stockwerke. Erstmalig der Öffentlichkeit präsentiert wurde das riesige weihnachtliche Drehgestell mit integriertem Glühweinstand im November 2015 auf dem Weihnachtsmarkt »Dresdner Winterlichter«, in Dresden (D). Für den Transport der 18 Tonnen schwere Konstruktion aus Stahl und Holz werden fünf LKW benötigt.

PLÄTZCHEN, PLÄTZCHEN …

Andrea Schirmaier-Huber (D), ehemalige Konditor-Weltmeisterin und Jurorin der TV-Show »Das große Backen« (Sat.1, D), backte, unterstützt von den Food-Bloggern Indira Gröger und Tobias Müller (beide D) und vier weiteren Helfern, am 27. November 2014 in ihrer Backschule bei München (D) insgesamt 11.111 Plätzchen in 17 Stunden – Bestmarke für Deutschland für die »meisten am Stück gebackenen Plätzchen«.

LEBKUCHEN

Lebkuchen ist ein süßes, kräftig gewürztes Gebäck, das in vielfältigen Formen und Varianten vorkommt. In vielen Kulturen ist er ein fester Bestandteil des Weihnachtsgebäcks. Die Lebkuchenherstellung hat eine lange Tradition und ist vielerorts Teil der lokalen Backkultur. Davon zeugen verschiedene geschützte Herkunftsbezeichnungen für regionale Lebkuchenspezialitäten wie Nürnberger Lebkuchen oder Aachener Printen.

OSTERFREUDEN

KONTINUITÄT
À LA THÜRINGEN

Volker Kraft und seine Frau Christa aus Saalfeld/ Saale (D) schmückten zwischen 1965 und 2015 den Apfelbaum im heimischen Garten jedes Jahr mit Ostereiern. Was 1965 mit 18 bunten Eiern begann, hatte 2015 nach 50 Jahren die unglaubliche Zahl von 10.000 mit verschiedenen Techniken verzierte Ostereier erreicht. Weltrekord für die »**häufigste jährlich neue Osterdekoration desselben Baumes**«. Zu Ostern 2015 schmückten die Krafts aus Altersgründen zum letzten Mal den Baum in ihrem Garten. Doch zu Ostern 2016 hat sich auf Initiative des örtlichen Gastronoms Uwe Gerstenberg dauerhaft eine neue Bleibe für den Ostereierbaum gefunden – im Saalfelder Schlosspark wurde ein passender Baum mit Ostereiern ausgestattet, worunter sich auch bewährte Ostereier der Familie Kraft befanden.

DER ROSTOCKER
OSTEREIER-BAUM

Der Rostocker Zoo (D) schmückte am 8. April 2007 einen Baum mit 76.596 ausgeblasenen und bemalten Hühnereiern und erzielte so den Weltrekord für den »**größten Ostereier-Baum**«

SCHMUNZEL-
HASEN

Einen Rekord aufstellen und dabei Gutes tun. Dies haben die Kunden der Europa Passage in Hamburg (D) charmant umgesetzt. Mit ihren Spenden ermöglichten sie den Initiatoren BUDNI, car2go Deutschland GmbH, Milka und der Europa Passage am 17. April 2014, aus tausenden lila Schmunzelhasen das »**größte Schokoladenhasen-Mosaik**« zu vervollständigen. 28 m² groß und zwei Stockwerke hoch war das aufrecht stehende Mosaik. 3.000 Hasen konnten hineingehängt werden und formten zusammen ein Osterei. Für die Hamburger Projekte »Stiftung Mittagskinder«, »Rock Kids St. Pauli e.V.« und »Verwaiste Eltern und Geschwister e.V.« kam auf diese Weise eine Spende in Höhe von 12.000 EUR zusammen, die durch die Budnier Hilfe e.V. übergeben wurde. Über die gespendeten Schmunzelhasen freute sich die Hamburger Tafel e.V.

NARZISSENFEST ZUM FRÜHLING

Das »älteste Narzissenfest« findet im Salzkammergut statt. Zum mittlerweile 57. Mal feierten Bewohner und Besucher vom 21. bis 29. Mai 2016 im Bad Aussee (A) und Umgebung ihre Version des Frühlingsanfangs mit dieser Osterblume.

OSTEREI UND OSTERHASE

In der christlichen Theologie gilt das Ei als Symbol der Auferstehung und wurde schon früh mit dem Osterfest verknüpft. Und auch der Hase fand, vermutlich wegen seiner Fruchtbarkeit, Eingang in die Auferstehungssymbolik und hat andere frühere Überbringer des Ostereies verdrängt. In Teilen der Schweiz war der Kuckuck der Eierlieferant, in Westfalen war es der Osterfuchs und in Thüringen brachte der Storch die Eier zum Osterfest.

OSTEREIER IN OSTERHOLZ

Kein Aprilscherz war die »längste Ostereier-Kette der Welt«, die in der niedersächsischen Kreisstadt Osterholz-Scharmbeck am Ostermontag 2013, dem 1. April, präsentiert wurde. Die Kette bestand aus 13.623 von den Menschen der Stadt zusammengetragenen, ausgepusteten, bemalten und auf eine durchgehende Schnur gezogene Hühnereiern.

13.623!!

PARTY, PARTY

POLONAISE OLÉ

Angeführt von Klaus & Klaus zu den Klängen ihres Sommerkrachers »Halfisch-Alarm« hat es das Publikum der »Bremen-Olé-Party« am 20. Juni 2015 auf der Findorffer-Bürgerweide geschafft, den offiziellen Weltrekord für die **»größte Polonaise«** an die Weser zu holen. Dafür tänzelten 4.405 Teilnehmer hintereinander her. Und wie bei einer Polonaise üblich, hatte jeder Teilnehmer die Hände auf den Schultern des Vordermanns bzw. der Vorderfrau. Stellvertretend für alle Fans, die durch ihre Teilnahme an der Riesen-Polonaise den Weltrekord möglich gemacht hatten, wurde der erfolgreiche Bremer Weltrekord gleich vor Ort mit der Überreichung von RID-Rekordurkunden an das Künstler-Duo bestätigt. Ebenfalls ausgezeichnet wurden Veranstalter Pro-Event Entertainment GmbH und Sponsor Sportlounge Munte GmbH.

GIESSENER MEGA-PICKNICK

Am 31. Mai 2015 kamen unter der Schirmherrschaft von Oberbürgermeisterin Dietlind Grabe-Bolz (D) gut 5.000 Gießener auf einer großen Wiese an der Lahn zusammen, um gemeinsam zu picknicken. Dabei sicherte man sich auf dem von Gießen Marketing und dem örtlich ansässigen Deckengeschäft Kolter erfolgreich organisierten Event mit 2.433,60 m den Weltrekord für die **»längste unterbrochene Picknickdecken-Strecke«.** Bewertet wird dieser Weltrekord zwar anhand der Länge der Picknickdecken-Strecke, doch die Decken mussten ihren ursprünglichen Zweck erfüllen: Es mussten Personen darauf sitzen und dort ihr Essen zu sich nehmen.

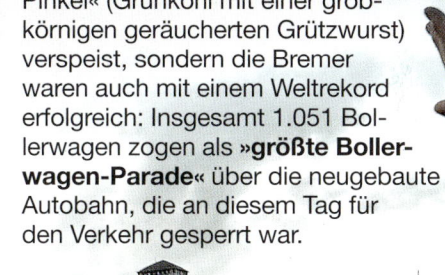

KRÜGERS KAFFEEKRÄNZCHEN

Das mit 8.162 Teilnehmern **»größte Kaffeekränzchen«** wurde am 30. August 2009 von der Krüger GmbH & Co. KG (D) im Jugendpark in Köln (D) organisiert. Als offizielle Gastgeberin für Kaffee und Gebäck fungierte »Gisela«, eine Kunstfigur des Comedians Hape Kerkeling, die damals für Krüger Werbung machte.

DRESDEN IM DREIVIERTELTAKT

Der Weltrekord für den **»größten Walzer«** wurde anlässlich des 8. SemperOpernballs in Dresden (D) aufgestellt. Auf dem Theaterplatz vor der Semperoper tanzten am späten Abend des 1. Februar 2013 genau 1.966 Paare einen Walzer zu Musik aus Tschaikowskys »Schwanensee« und brachen so den Weltrekord, den vorher die Stadt Tuzla in Bosnien-Herzegowina hielt. Dort fanden sich im Mai 2010 »nur« 1.510 Paare ein, um für den Rekordtitel zu tanzen.

MIT DEM BOLLERWAGEN ÜBER DIE AUTOBAHN

Anlässlich der Fertigstellung der Autobahn A 281 gab es am 27. Januar 2008 in Bremen (D) ein großes Bürgerfest. Dabei wurden nicht nur 10.000 Portionen der im gesamten norddeutschen Raum bekannten und beliebten Spezialität »Kohl und Pinkel« (Grünkohl mit einer grobkörnigen geräucherten Grützwurst) verspeist, sondern die Bremer waren auch mit einem Weltrekord erfolgreich: Insgesamt 1.051 Bollerwagen zogen als **»größte Bollerwagen-Parade«** über die neugebaute Autobahn, die an diesem Tag für den Verkehr gesperrt war.

SPORT & SPIEL

Spielerisch zum Rekord: Ob am Strand, im Schwimmbad, auf dem Sportplatz oder in der Innenstadt – Rekord-Enthusiasten finden an den alltäglichsten Schauplätzen Raum für außergewöhnliche Rekordideen. Und begeistern mit ihren Erfolgen …

AUSDAUEREXPERTEN

ZEHN MAL 1.000 METER FÜR DEN GUTEN ZWECK

Durch die am 11./12. November 2011 im Nettebad in Osnabrück (D) in 16 Stunden 32 Minuten 27,06 Sekunden durchgeführte »**schnellste 10 x 1.000-m-Schwimmstaffel**« erzielte die Hull Dance & Events GmbH nicht nur einen Weltrekord sondern auch Spenden in Höhe von 40.000 EUR für die »Stiftung RTL – Wir helfen Kindern e.V.«.

LEIPZIGER KICKER KÖNNEN AM LÄNGSTEN

Exakt 25 Stunden lang, von Samstag, den 7. Juni auf Sonntag, den 8. Juni 2014, ließen Marco Arndt, Henry Borasch, Frederik Rauter, David Wagner, Sylvia Kurth, Philipp Engel, Robert Aßmann, Thomas Herold, Max Czaplinski, Thuy-Van Truong (alle D) – im JET Leipzig in der Arthur-Hoffmann-Str. 54 die Griffstangen kreisen und die Bälle fliegen und sicherten sich damit den Weltrekord für den »**längsten Tischfußball-Marathon**«.

ALLEIN GEGEN DIE ROLLTREPPE

Er kam kaum vom Fleck und ist doch fast 40 km gelaufen. Guido Kunze (D) meisterte am 12. Juli 2013 in einem Einkaufscenter in Dessau (D) 61.050 Stufen einer Rolltreppe und stellte damit eine neue Best-leistung für die »**meisten in 24 Stunden auf einer in Gegen-richtung laufenden Rolltreppe zurückgelegte Stufen**« auf. Bei dieser Leistung wurden von Kunze in den 24 Stunden über 12.210 Höhenmeter zurückgelegt.

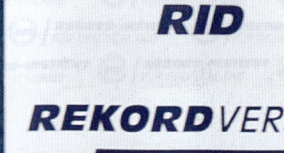

RID

REKORDVERSUCH

DAMEN-WELTREKORD IM NORDIC-WALKING

Vom 7. bis 8. September 2013 absolvierte Birgit Krahl (D) im hessischen Gladenbach den mit 30 Stunden 30 Minuten »**längsten Nordic-Wal-king-Marathon**« in der Damenkategorie. Auf einem 6,10 km langen Rundkurs durch die Stadt legte sie insgesamt 183 km zurück, und wurde dabei von einer großen Sportlergruppe abwechselnd begleitet.

24-STUNDEN-PARTNERTAUSCH

In seiner Tanzschule in Osnabrück (D) tanzte Michael Hull nicht nur den gesamten RTL Spendenmarathon des Jahres 2007 komplett durch, sondern hatte dabei mit 1.068 die **»meisten wechselnden Tanzpartner in 24 Stunden«**. Bei diesem Tanzweltrekord wurde das gesamte Startgeld der Tänzer an die »Stiftung RTL – Wir helfen Kindern e.V.« gespendet.

WER SEIN AUTO LIEBT...

Eine ganz besondere Art des Zeitvertreibs organisierten Chevrolet und Planetradio am 19./20. September 2009 auf der IAA in Frankfurt (D), als einem 10-köpfigen Teilnehmerfeld das **»längste Küssen eines Autos«** angeboten wurde. Als der Wettbewerb nach 32 Stunden beendet und noch neun Personen im Wettbewerb waren, musste der als Preis vorgesehene Wagen verlost werden. Hierbei hatte Kamilla Kolodziej (D) aus Obertshausen bei Offenbach (D) das glücklichste Händchen. Die anderen Rekordhalter erhielten lediglich einen Trostpreis.

ENDLOSER EINKAUF

Weltrekordler Steve Schild (CH) hatte sich auf eine besondere Herausforderung eingelassen, als er am 25./26. Juli 2015 einen 24-stündigen Weltrekord aufstellen wollte, ohne vorher zu wissen, in welcher Disziplin. Am Morgen des großen Tages betrat er die Sportanlage Wintersried in Ibach (CH), wo Helfer bereits zwei herkömmliche Einkaufswagen bereitgestellt hatten und ihm die bis dahin geheime Aufgabe verkündeten – zu absolvieren war das **weiteste Einkaufswagen-Schieben (24 Stunden, Einzel)«**. Um sich der Erstrekord zu sichern, sollte Steve mindestens 100 km zurücklegen. Die genutzte Bahn der Anlage hat eine Gesamtlänge von 416 m, also musste er in 24 Stunden mindestens 241 Runden darauf zurücklegen, um die geforderte Distanz zu erreichen. Am Ende seines Rekordversuchs stand eine geschobene Gesamtdistanz von 101,088 km und damit der Weltrekord im 24-stündigen Einkaufswagen-Schieben.

Und auch die Zuschauer gaben alles: So entschloss sich die 24-jährige Jennyfer Rutz aus Frauenfeld (CH) spontan, ebenfalls einen Rekordversuch mit dem Einkaufswagen zu versuchen. In zwölf Stunden schaffte sie es dann, den Einkaufswagen 50,488 km weit zu schieben und damit den **Damen-Weltrekord** in dieser Disziplin aufzustellen.

BADETAG

RUTSCH-O-MANIA IN ERDING

Die Wasserrutsche »Magic Eye« im Galaxy Erding in Erding (D) ist die **»längste Röhren-Wasserrutsche der Welt«**. Sie ist 356,32 m lang und erreicht eine Höhe von 22 m. Seit ihrer Eröffnung im Mai 2007 sind auf der von der Klarer Freizeitanlagen AG aus Hallau (CH) er-richteten Rutsche zahlreiche Distanzrutsch-Wettbewerbe und -Rekord-versuche ausgetragen worden. Links im Kasten finden sich alle Welt-rekorde auf einen Blick …

MARATHON AUF DER RUTSCHE

Den **»schnellsten Was-serrutsch-Marathon«** (42,195 km) bei den Herren erreichte Jens Scherer (D) am 16. Mai 2009 in 4 Stunden 51 Minuten 2 Sekunden. In der Damenkategorie sicherte sich am 15. Mai 2010 Sandra Morawitz (D) in 5 Stunden 23 Minuten 58 Sekunden den Welt-rekord.

XXL-SCHWITZEN MIT AUSSICHT

Die »**weltgrößte Sauna**« steht im Badischen. Die »Koi-Sauna« in der Badewelt Sinsheim GmbH in Sinsheim (D) ist 166,10 m² groß und bietet Platz für 150 Personen. Der Boden der luxuriösen Riesen-Sauna besteht aus Quarzit und das raumhohe Panoramafenster wurde aus ca. 60 mm dickem Panzerglas gefertigt. Die Sauna ist seit Dezember 2012 in Betrieb, wurde aber erst am 23. April 2013 mit der Installation des Koi-Beckens an der Außenseite des Panoramafensters fertiggestellt.

ABWÄRTS AM AUFSPRUNGHÜGEL

Die mit 84,94 km/h »**schnellste Geschwindigkeit auf einer Folienrutsche (Slip & Slide)**« erzielte Jens Scherer (D) am 1. August 2010. Organisiert vom DRV Rutschen (D) im Skisprungstadion Bergisel (A), wurde eine 170 m lange Rutschbahn an der steilen Aufsprungbahn (34,34 % Neigung am K-Punkt) der Olympischen Sprung-schanze in Innsbruck (A) installiert, die diesen Rekord ermöglichte.

Anlauf

Aufsprungbahn

Auslauf

K-Punkt   Hillsize-Punkt

HIGHSPEED AUF WASSERFILM

Am 2. Mai 2009 erreichte Jens Scherer (D) im Águas Quentes Country Club (BR) in Barra do Piraí in Rio de Janeiro (BR), auf der 49,90 m hohen »Kilimandscharo«, der »**höchsten Wasserrutsche der Welt**«, eine Ge-schwindigkeit von 91,34 km/h und sicherte sich damit den Rekord für die »**höchste Geschwindigkeit auf einer Wasserrutsche**«. In der Damen-kategorie holte sich Funda Vanroy (D) den Weltrekord, als sie am glei-chen Tag und Ort mit 85 km/h gemessen wurde. Organisiert wurde dieser Rekordevent von Rolf Allerdissen und dem DRV Rutschen (beide D).

AM WASSER

AUS SAND GEBAUT

In der am 28. Juli 2013 ausgestrahlten »*Die große Abenteuer Leben-Weltrekord-Show*« (kabel eins, D) war »*Abenteuer Leben*« am Strand von St. Peter-Ording (D) erfolgreich mit dem Aufstellen von acht Weltrekorden an einem Tag. Dabei produzierte das Kabel-eins-Event-Team mit seinen zahlreichen freiwilligen Helfern auch die **»meisten in einer Stunde gebauten Sandburgen«** und schraubte die Rekordmarke auf sensationelle 2.230 Burgen.

SANDSKULPTUR AM STRAND

Die mit 27,3 km **»längste Sandskulptur«** in Form einer Burg wurde in der am 3. Juli 2011 ausgestrahlten Folge von »*Abenteuer Leben*« (kabel eins, D) mithilfe von 11.000 freiwilligen Helfern am Strandabschnitt Schaabe auf Rügen (D) gebaut.

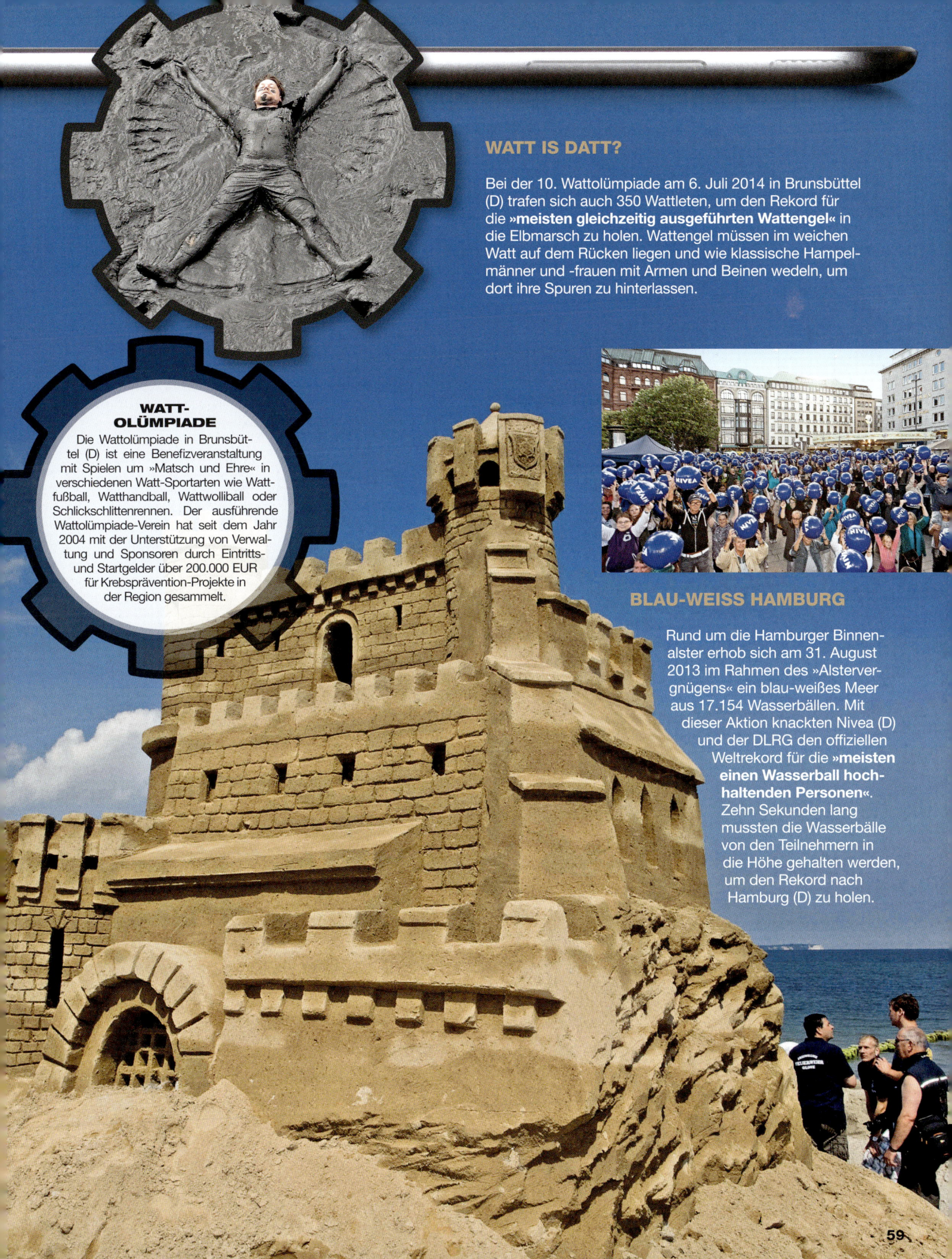

WATT IS DATT?

Bei der 10. Wattolümpiade am 6. Juli 2014 in Brunsbüttel (D) trafen sich auch 350 Wattleten, um den Rekord für die **»meisten gleichzeitig ausgeführten Wattengel«** in die Elbmarsch zu holen. Wattengel müssen im weichen Watt auf dem Rücken liegen und wie klassische Hampelmänner und -frauen mit Armen und Beinen wedeln, um dort ihre Spuren zu hinterlassen.

WATT-OLÜMPIADE

Die Wattolümpiade in Brunsbüttel (D) ist eine Benefizveranstaltung mit Spielen um »Matsch und Ehre« in verschiedenen Watt-Sportarten wie Wattfußball, Watthandball, Wattwolliball oder Schlickschlittenrennen. Der ausführende Wattolümpiade-Verein hat seit dem Jahr 2004 mit der Unterstützung von Verwaltung und Sponsoren durch Eintritts- und Startgelder über 200.000 EUR für Krebsprävention-Projekte in der Region gesammelt.

BLAU-WEISS HAMBURG

Rund um die Hamburger Binnenalster erhob sich am 31. August 2013 im Rahmen des »Alstervergnügens« ein blau-weißes Meer aus 17.154 Wasserbällen. Mit dieser Aktion knackten Nivea (D) und der DLRG den offiziellen Weltrekord für die **»meisten einen Wasserball hochhaltenden Personen«**. Zehn Sekunden lang mussten die Wasserbälle von den Teilnehmern in die Höhe gehalten werden, um den Rekord nach Hamburg (D) zu holen.

WINTERFREUDEN

VERRÜCKTER SEILSPRINGER

Am 5. November 2015 trat Mirko Stübing (D) aus Berlin (D) bereits zum zweiten Mal an, sich den Weltrekord für die **»meisten Ski-Seilsprünge in einer Minute«** zu sichern. Im Juni 2014 hatte er mit 14 Sprüngen den Erstrekord dieser Disziplin aufgestellt und ließ es sich auf dem RID-Rekordtag in Berlin nicht nehmen, in seiner Heimatstadt den eigenen Rekord auf satte 18 Seilsprünge zu verbessern.

RIESIGE SCHNEEPFLUG-SCHLANGE AUF SKI

1.200 Freizeitskifahrer hatten sich am 27. März 1986 in der »Salzburger Sportwelt Amade« oberhalb der Gemeinde Flachau (A) versammelt, um, jeweils an den Vordermann geklammert, im Schneepflug gemeinsam eine Piste hinabzufahren. Nach einer zurückgelegten 50-m-Strecke brach die Schlange zwar auseinander, aber 450 Skifahrer vollendeten die Piste gemeinsam.

SKI-SALTI VORWÄRTS UND RÜCKWÄRTS

Dem Freestyler Christian Rijavec (A) gelangen am 8. April 2006 im Pitztal (A) mit 29 die »**meisten Rückwärts-Salti auf Ski in 10 Minuten**«. Und das sogar, obwohl er sich am Vortag einen Zeh gebrochen hatte. Beim gleichen Event gelangen Frederick Eiter (A) ebenfalls 29 Salti, allerdings führte er diese vorwärts aus. Beide Sportler wurden nach jedem Sprung von einem Motorschlitten zu ihrem Ausgangspunkt zurückgezogen, um genügend Schwung für den jeweils nächsten Salto zu haben.

IM FICHTELGEBIRGE BAUT MAN AUF SCHNEE

Im Örtchen Bischofsgrün (D) im Fichtelgebirge wurde am 16. Februar 2015 der Rekordversuch für den »**größten Schneemann Deutschlands**« in Angriff genommen. Bereits am Freitag, dem 13. Februar, begannen die Schneemannbauer um Horst und Berndt Heidenreich (beide D) die 40 bis 50 LKW-Ladungen Schnee zu formen und brachten den Schneemann auf eine Höhe von 12,65 m. Leider 15 cm zu niedrig, denn 2006 wurde ebendort ein 12,80 m hoher Schneemann gebaut, der bis heute deutschlandweit der größte ist. Übrigens: Der Rekord für den »**größten Schneemann der Welt**« wird in den USA gehalten. Die Einwohner von Bethel im Bundesstaat Maine bauten dort im Februar 2008 eine 37,21 m hohe Schneefrau.

HÄNDCHENHALTEND DIE PISTE HINAB

Das Tourismusbüro von Kühtai (A), dem mit 2.020 m höchstgelegenen Wintersportort Österreichs, organisierte am 30. Dezember 2015 einen außergewöhnlichen Rekordversuch. Um den Weltrekord zu erzielen, mussten sich möglichst viele Skifahrer an den Händen halten und als ununterbrochene Kette eine Minute lang gemeinsam eine Piste heruntersausen. Und tatsächlich waren es 73 Skifahrer, die so eine Minute lang gemeinsam fuhren – neuer Weltrekord für die nach Teilnehmern »**längste Skifahrer-Kette der Welt**«.

KINDERSPIEL

KINDER, KINDER ...

Am offiziellen europäischen »Autofreien Tag«, dem 22. September 2015, war im Explorado Kindermuseum in Duisburg (D) Zeit für eine Rekordjagd. Nachdem das Explorado einen Oldtimer, einen »Wolga M21« des Baujahres 1969, sein Eigen nennt, wollte Museumsleiter Carsten Tannhäuser (D) herausfinden, wie viele Schülerinnen und Schüler wohl in solch eine russische Staatslimousine passen. Nach den RID-Rekordregeln haben die Schüler mit einer Körpergröße von mindestens 1,22 m und höchstens 1,52 m 10 Minuten Zeit, um sich bestmöglich im Auto zu platzieren. Nach Ablauf der Zeit müssen Türen und Kofferraumdeckel geschlossen werden und mindestens fünf Sekunden lang so bleiben. Das verwendete Fahrzeug muss originalgetreu sein und im Innenraum alle festmontierten Teile wie Lenkrad, Schaltknüppel, Sitze, Knöpfe etc. enthalten. Offensichtlich zahlte es sich aus, dass die Schülerinnen und Schüler der Otfried-Preußler-Grundschule vorab üben durften, wie und wo sie sich am besten ins Auto quetschen. Und so schafften es sogar noch vor Ablauf der Zeit 32 von ihnen, sich regelgerecht ins Fahrzeug zu drängeln.

11.850 HERZMASSAGEN

Am 17. September 2013 drückten 11.850 Schüler auf dem Schlossplatz in Münster (D) engagiert die Brustkörbe von Übungspuppen, während ein Schlagzeuger den korrekten lebensrettenden Beat von 100 Schlägen pro Minute vorgab. Weltrekord für die **»größte Wiederbelebungs-Übung«**.

»STILLE POST« IN KOBLENZ

Am 19. September 2015 gelang es während einer Rekord-Lesereise des Kinder- und Jugendbuchautors Stefan Gemmel (D) in Koblenz (D) 82 jungen Teilnehmern erfolgreich, eine von Gemmel vorgegebene Phrase an ihren jeweiligen Sitznachbarn weiterzusagen. So erhöhten sie den Weltrekord für das **»größte Stille-Post-Spiel in 3 Minuten«**, den einige Tage zuvor zuhörende Fünftklässler in Gladbeck (D) mit 62 Mitspielern aufgestellt hatten.

»MAINZELBAHN«-MODELLBAU

Veranstaltet vom »1. Modellbauclub Mainz e.V.« und »Allgemeine Zeitung« (beide D) entstand auf der Messe »Inspiration Modellbau« in Mainz (D) am 20./21. September 2014 die aus 1.283 einzelnen Wagen zusammengestellte **»längste Kartonmodellbau-Straßenbahn der Welt«**. Dieser Weltrekordversuch war für Kinder bis zu zwölf Jahren, die im Vorfeld Bastelbögen bemalten und verzierten und daraus jeweils 30 cm lange Wagen formten. Auf der Messe wurden die Wagen dann zu einem 385 m langen, ununterbrochenen Zug hintereinander aufgereiht.

WM-POWER

MEGA MITSING EVENT

Beim deutschen Viertelfinalspiel (4:0 gegen Argentinien) am 3. Juli 2010 beteiligten sich auf der WM-Fanmeile in Berlin (D) mehr als 105.000 von insgesamt 306.500 Fans am vom Musical *»We Will Rock You«* organisierten **»größten Mitsingen der Welt«**.

DAS RUNDE MUSS INS ECKIGE

Sponsoring ist seit jeher ein Riesenthema bei sportlichen Großveranstaltungen. Die Fußball-WM macht da keine Ausnahme, auch nicht das »deutsche Sommermärchen« im Jahr 2006. Seinerzeit, am 6. Juni, hatten 320 Mitarbeiter der Postbank mit insgesamt 142.000 den Weltrekord für die **»meisten auf einem Spielfeld verteilten Fußbälle«** geknackt, und zwar im Borussia-Park in Mönchengladbach (D). Vier Stunden dauerte es, alle Bälle vollständig auf dem Grün zu platzieren und dieses so unsichtbar zu machen.

IM EINSATZ BEI WELTMEISTERSCHAFTEN

Mit 25 Spielen bei fünf Fußball-Weltmeisterschaften (1982, 1986, 1990, 1994, 1998) ist Lothar Matthäus (D) der **»Fußballspieler mit den meisten WM-Einsätzen«**. Nach einigen Erfahrungen als Fußballtrainer arbeitet der heute 54-Jährige aktuell als Kolumnist für die »Sport-Bild« und kommentiert als Experte für den Bezahlsender Sky die Bundesliga.

WM-KÖNIG DER TORSCHÜTZEN

Im denkwürdigen Halbfinalspiel der Fußball-WM 2014 besiegte die deutsche Nationalmannschaft am 8. Juli 2014 die Fußball-Legende Brasilien mit 7:1. Dabei schoss Miroslav Klose (D) sein 16. Tor bei Fußball-Weltmeisterschaften und ist nun alleiniger Rekordhalter für die »meisten Tore bei Fußball-Weltmeisterschaften«.

DANKE!

Für 71 Tore
in 137 Länderspielen

FUSSBALL-FANS, SOWEIT DAS AUGE REICHT

Am Abend des 13. Juli 2014 wurde Deutschland zum vierten Mal Weltmeister gegen Argentinien. In einem dramatischen Spiel gewann die deutsche Elf erst in der Verlängerung mit 1:0 durch ein Tor von Mario Götze in der 113. Minute. Gespielt wurde im Maracanã, dem Rekordstadion im brasilianischen Rio de Janeiro. Bei seiner Fertigstellung 1950 war es mit einem Fassungsvermögen von bis zu 200.000 Zuschauern das größte Fußballstadion der Welt. Am 16. Juli 1950 kamen zum WM-Endspiel Brasilien gegen Uruguay 199.854 Zuschauer ins Maracanã – der absolute »Zuschauer-Live-Weltrekord bei Fußball-Weltmeisterschaften«. Nach zahlreichen Modernisierungen und Umbauten liegt die Kapazität heute bei »nur noch« 73.531 Zuschauern.

QUOTENHIT IM DEUTSCHEN FERNSEHEN

Im deutschen Fernsehen sorgte das Semifinale Deutschland – Brasilien der Fußball-WM 2014 für einen neuen Zuschauer-Rekord: 32,57 Mio. Fans saßen in Deutschland vor den Fernsehgeräten und verfolgten das dort »meistgesehene TV-Ereignis«, womit die alte Bestmarke von 31,10 Mio. überboten wurde, die vom Halbfinalspiel der WM 2010 stammt, als die deutsche Elf mit 0:1 Spanien unterlegen war.

FANMEILE IN BERLIN

Die Berliner Fanmeile befindet sich auf der »Straße des 17. Juni«. Im Jahr 2006 war sie 1,8 km lang und 40 m breit, hatte also eine Fläche von 72.000 m². Dies entspricht der Größe von etwa 14 Fußballfeldern. Auf der Fanmeile Berlin gab es seinerzeit neun Großbildleinwände mit einer Gesamtbildfläche von 234 m². Die größte dieser Leinwände hatte eine Fläche von etwa 60 m².

DREH DICH

SIEBEN SALTOS
MIT GAAANZ VIEL GEFÜHL

Am 10. April 2012 holte sich Stuntman Philipp Preiss (D) aus Kiel (D) bei einem in seiner Trainingshalle durchgeführten Rekordversuch den Weltrekord für die »**meisten Saltos mit rohen Eiern unter den Füßen**«. Dazu führte er in den laut Regeln zur Verfügung stehenden Zeit von 90 Sekunden 7 Saltos durch, bei denen die unter den Fersen seiner Schuhe befestigten rohen Hühnereier vollständig unbeschädigt blieben.

EINE STUNDE ROTATION

Nicole McLaren (CH) hat den Dreh raus. Insgesamt 3.552 Mal drehte sie sich um die eigene Achse und hält damit seit dem 7. März 2015 den Weltrekord für die »**die meisten Tanzumdrehungen in einer Stunde**«. Die Bauchtänzerin hat damit die Weltrekordleistung beim sogenannten »whirling« ganz nach oben geschraubt. Der bisherige Damenrekord lag bei 2.191 Umdrehungen, der Rekord bei den Herren liegt bei 2.905 Drehungen in der Stunde. Nicole absolvierte ihren Rekordversuch im Zentrum für Orientalische Tanzkunst (Zeot) in Zürich (CH), der größten Schweizer Bauchtanzschule.

BASKET-BALL-SPIN-HEAD

Am 23. Juli 2016 drehte Mehmet Kekec (D) vom Spalding Breakball-Team beim Schlachthof Kulturzentrum in Bremen (D) einen Basketball 26,04 Sekunden lang auf seinem Kopf und verbesserte damit den Weltrekord für das »**längste Basketballdrehen auf dem Kopf**«.

»WHIRLING«

ist die moderne Variante des Tanzes der Sufis, die auch bekannt sind als »tanzende Derwische«. Der Tanz hat seine Wurzeln im Persien des 12. Jahrhunderts, und die Tänzer geraten in eine Art religiöse Trance, während sie sich um die eigene Achse drehen.

DER RICHTIGE DREH

Auf dem Gelände des Schlachthof Kultur-zentrums in Bremen (D) drehte Basketball-Free-styler Michael Kopp (D) vom Spalding Breakball-Team am 23. Juli 2016 einen Basketball 48 Se-kunden lang auf einer Zahnbürste, die er zwischen den Zähnen hielt – Weltrekord für das **»längste Basketballdrehen auf einer im Mund gehaltenen Zahnbürste«.**

STROHHALM-SPRÜNGE

Im Rahmen einer Kindersendung des englischen Fern-sehsenders BBC am 18. August 2014 in London (GB) ver-besserten Luai Attila Baker, Thore und Lasse Gauch (alle D) den eigenen Weltrekord für die **»größte mittels Strohhalm im Salto aufgenommene Flüssigkeitsmenge«**, den sie am 5. April 2014 in der TV-Show »Wetten, dass..?« (ZDF, D) aufgestellt hatten. Die Turner hatten gewettet, in 150 Sekunden nur mit einem Strohhalm zwischen den Lippen mindestens 100 ml aus einem Glas zu trinken, während sie Saltos über den Kasten machten, auf dem das gefüllte Glas stand. Bei der BBC schraubten sie die neue Rekord-marke auf 116 ml, die sie im »Strohhalm-Salto« aus dem Glas tranken.

IMMER WEITER

IN DER WÜSTE

Über 600 Meter am Stück auf einer Slackline laufen – Alexander Schulz (D) hat am 10. Mai 2015 in einer Wüstenregion in der Inneren Mongolei (CHN) geschafft, was vor ihm noch niemandem gelungen ist. Nach fünf vorzeitigen Abbrüchen schaffte er mit dem letzten Versuch nach mehr als einer Stunde hochkonzentrierten Laufens eine Distanz von 610 m – die »**längste Longline-Strecke der Welt**«.

ÜBERS WASSEER

Am 1. September 2014 stellte Extremsportler Alexander Schulz eine neue Bestmarke im Slacklinen auf. Der 23-Jährige legte am Eibsee südwestlich von Garmisch-Partenkirchen (D) eine 320-m-Strecke über den See zurück und verbesserte damit den von ihm selbst gehaltenen Weltrekord für die »**längste Slackline-Strecke über Wasser**«. Diese Spielart des Slacklinens nennt man »Waterlinen«.

RUMEIERN VERBOTEN

Am 2. September 2015 war Stefan Ritte (D) im Stadion des Leichtathletikzentrums (LAZ) in Rhede (D) angetreten, um den von ihm selbst gehaltenen Weltrekord für die »**schnellste Meile im Eierlauf**« zu verbessern. Für die Strecke von einer Meile (ca. 1,6 km) musste Stefan vier Runden und 9 m auf der Tartanbahn zurücklegen – das auf einem Löffel liegende rohe Hühnerei stets fest im Blick. Ohne das Ei bei seinem schnellen Lauf zu verlieren, schaffte Stefan die Distanz in nur 5 Minuten 23,05 Sekunden und holte sich so zum zweiten Mal den Weltrekord in dieser Disziplin.

IM DSCHUNGEL

Am 19. November 2014 über-
querte Alexander Schulz (D)
in Yangshuo (CHN) eine
375 m lange Slackline,
die zwischen zwei Kalk-
felsen in einer Höhe
von 100 m gespannt
war – Weltrekord
für die **»längste
Highline-
Strecke«**.

SIE HEBE HOCH …

Die Janusz-Korczak-Gesamt-
schule in Neuss (D) sicherte sich
am 11. Juni 2013 den Weltrekord für die **»schnellste 50-m-
Strecke im Crowd-Surfing«**.
Lehrerin Nadine Graber (D) wurde
dabei von ihren Schülerinnen und
Schülern 2 Minuten 5,83 Sekunden lang auf Händen getragen.

SÜCHTIG NACH DER SLACKLINE

Er balanciert und balanciert. Profislackliner Alexander
Schulz (D) setzt bedachtsam Fuß vor Fuß. Ob Highline
oder Slackline, in den Bergen, über Wasser oder
in großer Höhe, immer muss der 23-Jährige etwas
Neues auf dem gut 2,50 cm breiten Spanngurt
ausprobieren.1991 in Rosenheim geboren, sind
die Berge sein Zuhause. Klettern, Skifahren,
Canyoning, Höhlenfahren und Mountainbiken
bestimmten sein sportliches Leben in der Kind-
heit. Seit er aber im Sommer 2010 das erste
Mal mit einer Slackline in Berührung kam, hat
er seine Berufung gefunden. Innerhalb kürzester
Zeit hat er die Grenzen des bis dahin Machbaren
in dieser Trendsportart spektakulär verschoben.

SLACKLINING
Slacklinen meint das Balancieren über oder auf einem robusten
Gurt, der in beliebiger Höhe gespannt
werden kann. Die Trendsportart, die
aus dem Klettersport stammt, kommt
ursprünglich aus den USA, wo Ende der
1970er-Jahre im Yosemite-Nationalpark
Sportbegeisterte die elastischen Gurte
erstmals zum Balancieren verwen-
deten. Mittlerweile gibt es eine
weltweite Fangemeinde und
internationale Wettbe-
werbe.

HINTERM HORIZONT

MEHR ALS 22 MAL MIT DEM AUTO UM DIE ERDE

In keinem Auto-Quartett der Welt wäre dieser Daimler Benz G zu toppen, denn er war insgesamt 26 Jahre auf Achse und hat 897.000 km zurückgelegt, davon 250.000 abseits der Straßen. Dabei wurden außerhalb Europas 410 Grenzen überschritten und insgesamt 215 Länder bereist. Damit sind der liebevoll auf den Namen »Otto« getaufte Daimler und sein Eigentümer Gunter Holtorf (D) Weltrekordhalter für die **»längste Reise mit dem Auto«**. Reise, wohlgemerkt, denn dem ehemaligen Piloten und Luftfahrtmanager Holtorf genügte der regelkonforme kurze Stopp und ein Stempel im Pass sowie ein obligatorisches Foto mit dem Fahrzeug nicht als ausreichender Aufenthalt. Ob durch Schlamm, über Schotter oder Wellblechpisten, über felsige Passagen im Hochgebirge oder auf Straßen, die nur aus Schlaglöchern bestehen – »Otto« war nicht aufzuhalten und machte, laut seinem Fahrer, in 26 Jahren kein einziges Mal schlapp. Besonders warm wurde es dabei im australischen Outback bei Alice Springs mit 50 °C, eher frostig bei Irkutsk in Sibirien mit -27 °C. Den höchsten Punkt der Reise markierte das Base-Camp Mount Everest, 5.200 m über dem Meeresspiegel. 150 m unter normal Null befand sich der Wagen sowohl am Toten Meer als auch im Death-Valley-Nationalpark in der Mojave-Wüste (USA). Im Oktober 2014 pilotierte Holtorf seinen Wagen zurück in die schwäbische Heimat. Heute hat das Marathon-Mobil einen Platz im Stuttgarter Mercedes-Benz Museum in Untertürkheim (D).

BARFUSS DURCH DEUTSCHLAND

Die meisten Menschen gehen barfuß allenfalls ins Bett. Michael Essing (D) jedoch ging barfuß durch ganz Deutschland – und durchwanderte die Republik von der dänischen Grenze im hohen Norden bis an den nördlichen Ausläufer der Schweiz. Nach 1.488 Barfuß-Kilometern in 100 Tagen, unzähligen Blasen und schwieligen Sohlen hatte er es geschafft und erkämpfte sich den Weltrekord für die »**längste Barfuß-Reise**«. In Pattburg an der dänischen Grenze ging es am 30. Mai 2013 los. Sein Ziel, das exakt 1.488,09 km entfernte Basel (CH), erreichte der Neuenkirchener, der im wirklichen Leben als Straßenwärter arbeitet, 100 Tage später, also am 5. September 2013.

MIT DEM RAD AUFS DACH DER WELT

Kein Schlaf, keine Pause, dafür acht Pässe, 530 km Strecke und insgesamt 13.500 Höhenmeter, zu radeln auf durchschnittlich mehr als 4.000 m über dem Meeresspiegel – das sind die Zutaten für einen Extrem-Bike-Rekord, mit dem der Österreicher Jacob Zurl am 5. August 2014 Geschichte schrieb. In 38 Stunden 41 Minuten bewältigte der Grazer den 530 km langen Manali-Leh-Highway und erkämpfte sich den Weltrekord für die »**schnellste Himalaya-Überquerung auf dem Fahrrad**«.

TRUCK IM HÖHENRAUSCH

Es ist ein Teamrekord, aufgestellt von fünf Männern, einer Frau und einem Truck. Wolfgang und Florian Weigl, Frank und Bianca Tschüschke, Daniel Alvaro, Matthias Jeschke (alle D) und der Mercedes Benz Zetros 4x4 erreichten am 5. Dezember 2014 in der Atacama-Wüste am Vulkan Ojos del Salado in Chile eine Höhe von 6.675 m und errangen so den Weltrekord für die »**höchste mit einem dieselbetriebenen LKW erreichte Höhe**«.

MENSCHENMASSEN

MENSCHLICHE WEINTRAUBEN AM KAISERSTUHL

In Baden-Württemberg ist es der dortigen Landjugend am 8. November 2014 gelungen, den wahrhaft erlesenen Weltrekord für die **»meisten menschlichen Früchte«** aufzustellen. Jede teilnehmende Person musste dabei als Weintraube vorkleidet sein. Organisiert wurde das Event vom Bund Badischer Landjugend (D). Nach dem Motto »BBL macht's möglich«, versammelten sich vor der Kaiserstuhlhalle Ihringen (D) insgesamt 404 »Weintrauben«.

HIGH-FIVE-STAFFEL IN ELMSHORN

Am 8. Mai 2015 fand zum zweiten Mal die jährliche Sportlerehrung der Stadt Elmshorn (D) statt. Dabei wurde der Weltrekord für die **»größte High-Five-Staffel (3 Min.)«** nach Elmshorn geholt. Nach Ablauf der Zeit hatten sich 381 Personen nacheinandor regelgerecht abgeklatscht.

ETWAS LAUTERES ALS DIE BREMER FINDEST DU NIRGENDWO

»Bremen laut und stark!« war das Motto des Stadtmusikantenfestes, das am 14. Juli 2007 in der Hansestadt veranstaltet wurde. Laut war es in der Tat, als sich, Grimms Märchen im Hinterkopf, 1.499 als Esel, Hunde, Katzen und Hähne kostümierte Stadtmusikanten auf dem Marktplatz in Bremen (D) trafen und zwei Minuten lang die ihren Kostümen entsprechenden Tierlaute von sich gaben. So erzielten sie den Weltrekord für das **»größte Bremer-Stadtmusikanten-Konzert«**.

LEIPZIG ZEIGT HERZ

Beim Aktionstag »Sportler – unsere Sieger« der »StadtFestTage« in Leipzig (D) am 2. Juni 2015, zu dem sich im Rahmen der 1.000-Jahr-Feier der Stadt zahlreiche Vereine und Institutionen mit einem sportlichen Programm und einigen Weltrekordversuchen eingebracht hatten, bildeten am Abend 735 Leipziger, ausgestattet mit roten T-Shirts und leuchtenden Luftballons, als Höhepunkt der Veranstaltung und als Liebeserklärung an die Stadt das **»größte Liebesherz«**.

LASERSCHWERT-ALARM

Ganz im Zeichen der Jedi-Ritter stand der »Radio-Hamburg-Top-826-Oster-Mega-Hit-Marathon« beim großen Live-Finale am Ostermontag, dem 6. April 2015. Nur mit dem Mund sollte das Publikum in der Hamburger Mönckebergstraße eine Minute lang den Sound erzeugen, der in den »Star-Wars«-Filmen beim Gebrauch eines Laserschwerts entsteht, um sich so den offiziellen Weltrekord der Kategorie **»meiste Personen beim Summen eines Laserschwert-Sounds«** zu sichern. Aus logistischen Gründen konnten allerdings nur 3.000 der geschätzt 20.000 Live-Gäste gezählt werden und offiziell am Weltrekordversuch teilnehmen – denn dann gingen die »Leuchtstab-Laserschwerter« zur Neige, die zur optischen Kontrolle an die Teilnehmer verteilt worden waren. Nach Abzug einiger nicht regelgerecht agierender Summer war der Weltrekordversuch erfolgreich und wurde mit dem Endstand von 2.947 Personen in die RID-Rekordlisten eingetragen.

MENSCHENMENGEN

MIT SELFIE-SPASS ZUM WELTREKORD

Am 31. August 2015 wurde auf dem Reinoldikirchplatz mitten in der Innenstadt von Dortmund (D) die **»größte Selfie-Staffel«** der Welt aufgereiht. Für den Weltrekordversuch rekrutierte das Team der Sendung »CouchClub« (WDR, D) interessierte Passanten als Teilnehmer, die sich spontan zur Teilnahme bereiterklärten. Dabei hatte jede Person der Reihe ein Selfie von sich zu schießen, auf dem auch der Hintermann oder die Hinterfrau zu sehen sein musste. Über drei Stunden dauerte es, dann war der Jubel groß und der Weltrekord geknackt. 748 Selfies hatten die Dortmunder geschossen und den Weltrekord in ihre Stadt geholt.

FULDA IST »INKLUSIVSTE REGION DEUTSCHLANDS«

Zum 111. Gründungstag des vom »Antonius – Netzwerk Mensch« in Fulda (D) betriebenen Heims wurde ein Wettbewerb ins Leben gerufen, zu dem die Fuldaer Bürger Beispiele für gelungene Inklusion einreichen und bewerten lassen konnten. Am 25. September 2015 wurde die Aktion dann mit einem großen Galaabend gebührend gefeiert, auf dem Rekordrichterin Eva Ricarda (D) das Ergebnis verkündete: Mit 131 erzielt Fulda den Deutschland-Rekord für die **»Region mit den meisten inklusiven Initiativen«**.

DEUTSCHLANDWEIT ONLINE QUIZZEN

877 Teilnehmer aus ganz Deutschland spielten am 21. Oktober 2010 das **»weltgrößte Online-Quiz«**, gemeinsam veranstaltet von QuizAction.de, Yahoo! Deutschland, Cisco Networking Academy, allvatar.com und eGames Media (alle D).

ALLE IM SACK

Sportler des Leichtathletikzentrums (LAZ) in Rhede (D) und Volleyballer des TUB Bocholt (D) holten am 2. September 2015 gemeinsam den Weltrekord für die **»meisten in einem Sack hüpfenden Personen«**. Den 54 Sackhüpferinnen und Sackhüpfer, dirigiert von Trainer Andreas Böing (D) sowie angefeuert von rund 100 Schaulustigen, gelang es, die geforderten 10 m zurückzulegen und mit dem vollständigen Überqueren der Ziellinie den neuen Weltrekord zu sichern.

RETTEN, LÖSCHEN, BERGEN, SCHÜTZEN, FEIERN

Am 9. Oktober 2011 kamen zum **»weltgrößten Feuerwehrtreffen«** 9.768 Jugendfeuerwehrleute aus ganz Deutschland in das Heide Park Resort in Soltau (D) zum deutschen Jugendfeuerwehrtag zusammen.

HALT FEUERWEHR

FEUER- WEHR-ZAHLEN

Eine professionelle Feuerwehr gibt es in Deutschland erst seit gut 150 Jahren. Aber seitdem hat sich einiges getan. So existieren inzwischen 99 Berufsfeuerwehren, denen 22.362 Freiwillige Feuerwehren und mehrere Hundert Werksfeuerwehren zur Seite stehen. Bei diesem Kräfteverhältnis verwundert auch nicht die Verteilung von ehrenamtlich Beschäftigten (knapp 1.338.000) zu Berufsfeuerwehrleuten (39.068).

GRUPPENDYNAMIK

MIT DEM RÜCKEN AN DER WAND

Zum Jahresbeginn 2015 hatte LIEKEN URKORN zu einem besonderen Event, dem »Fit & Vital Städtebattle«, aufgerufen, bei dem ermittelt werden sollte, welche Stadt Deutschlands die fitteste ist. In den Hauptbahnhöfen der fünf Wettbewerbsstädte Berlin, Düsseldorf, Hannover, Frankfurt und Stuttgart konnten sich Interessierte beteiligen und für ihre Stadt an einem Weltrekordversuch im Wandsitzen teilnehmen. Insgesamt beteiligten sich 3.226 Personen und ersaßen gemeinsam mehr als 113 Stunden »Sitzzeit«. Am Finaltag, dem 7. Februar 2015, wurde Stuttgart mit 30 Stunden 3 Minuten 48 Sekunden offiziell Weltrekordhalter im »längsten Wandsitzen«. Die Rekordurkunde nahm LIEKEN URKORN stellvertretend für die Gewinnerstadt Stuttgart entgegen.

HAMBURG UND OLYMPIA 2024

Bevor ein Volksentscheid die Bewerbung der Stadt Hamburg (D) zur Austragung der Olympischen Spiele 2024 kippte, gab es Initiativen zur Unterstützung der Kampagne des Senats. So organisierte das Miniatur Wunderland den Weltrekord für die »größten Olympischen Ringe aus Menschen«. Am 8. November 2015 kamen 6.211 Teilnehmer im Stadtpark zusammen und bildeten, in verschiedenfarbige Regenponchos gehüllt, die fünf Ringe in Blau, Gelb, Schwarz, Grün und Rot mit einem Durchmesser von je 100 m.

DIE SPINNEN, DIE OLDENBURGER

Nach dem Motto der Veranstaltung »Around The World In A Day« sollte es einmal um die Welt gehen: Hierzu hatte Veranstalter Ralph Butzin (D) 137 Standfahrräder, sogenannte Spinning Bikes, im VW-Zentrum Oldenburg (D) aufstellen lassen. Teams von unterschiedlicher Größe sollten darauf in 24 Stunden die größte kumulierte Gesamtstrecke erradeln. Unter den Anfeuerungen zahlreicher Instruktoren gelang es den Oldenburger Spinnern am 28./29. Mai 2016, mehr als zweimal um die Welt zu radeln. Insgesamt legten sie 94.382,30 km zurück — neuer Weltrekord für die **»weiteste Team-Strecke im statischen Radfahren (24 Std.)«.**

MASSENTANZ MIT AUGENKLAPPE

Das Plattenlabel Timezone rief am 19. Mai 2016 in Osnabrück (D) zu einem außergewöhnlichen Massentanz-Weltrekordversuch auf. Als Pate hierfür fungierte die Band »Mr. Hurley & die Pulveraffen«, die stets in aufwendigen Piratenkostümen und mit Augenklappe auftreten. 304 Fans bewegten sich augenklappentragend fünf Minuten zur Musik ihrer Idole und holten damit den Rekord für den **»größten Fan-Tanz mit Augenklappe«.**

RUDERN OHNE RAUMGEWINN

Den **»größten Indoor-Ruderunterricht«** gab es am 27. Januar 2012 in Zürich (CH). Bei einer Veranstaltung des Akademischen Sportverbands Zürich (CH) ruderten unter Anleitung eines Trainers 191 Teilnehmer an genauso vielen Rudermaschinen gleichzeitig.

POWERFRAUEN

BRUCHHOLZ MIT EIER-ARTISTIK

Bei einer Rekordveranstaltung in Hamburg (D) vollführte Janna Vernunft (D) mit 10 die **»meisten beim Ei-Hochwerfen zerschlagenen Bretter (1 Min.)«** und erzielte damit am 29. Juni 2014 den Weltrekord. Bei diesem artistischen Kunststück muss zwischen den Schlägen ein rohes Ei mit der Schlaghand in die Luft geworfen und ebenfalls mit dieser wieder aufgefangen werden.

WASSERSTRASSENRENNEN

Am 24. April 2016 meisterte Extremschwimmerin Nathalie Pohl (D) aus Marburg (D) in nur 2 Stunden 53 Minuten den Weltrekord der Frauen für das **»schnellste Durchschwimmen der Straße von Gibraltar (ohne Neoprenanzug)«**. Dem regen Verkehr von gut 300 riesigen Frachtschiffen am Tag und der starken Atlantikströmung zum Trotz, schaffte es Nathalie auf der gut 15 km langen Strecke von Tarifa (E) nach Point Cires (MA) bei Wassertemperaturen von um die 15 °C, die vorherige Bestmarke der Australierin Penelope Palfrey um ganze 10 Minuten zu verbessern.

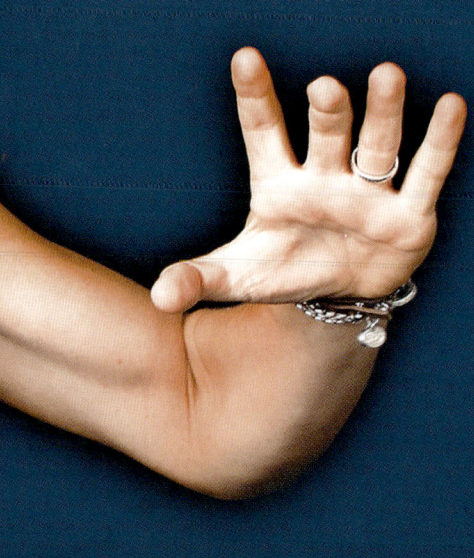

AM LAUFENDEN BAND

Die »Hamburger Deerns«, neun Läuferinnen und ein Herr im Piratenkostüm – alle mit High-Heels an den Füßen – hatten sich durch den Weltrekord inspirieren lassen, den die Model-Anwärterinnen der TV-Sendung »*Germany's Next Topmodel*« (ProSieben, D) im März 2011 aufgestellt hatten (siehe unten). Auf dem RID-Rekordtag im Holmes Place in Hamburg (D) am 10. November 2014 schafften die »Deerns« eine Strecke von 35,5 km und sind dadurch aktueller Rekordhalter für die »**weiteste Laufband-Strecke eines 10er-Teams in High-Heels in 30 Minuten**«!

JE OLLER, JE DOLLER

Die 13 Tänzerinnen des »Club der Lebensfrohen« aus Berlin (D) sind zusammen über 1.000 Jahre alt, was sie mit einem Durchschnittsalter von 78 Jahren zur »**ältesten Revue-Tanztruppe der Welt**« macht. Jedes Jahr absolviert das »CdL-Ballett«, geleitet von der ehemaligen Profitänzerin Berbé Schmidt (D), die 2015 im Friedrichstadtpalast ihr 70. Bühnenjubiläum feierte, bis zu 40 Auftritte.

HIGH-HEEL-HERAUSFORDERUNG

In der ersten Folge der Staffel von 2011 hatten die Top-50-Kandidatinnen von »*Germany's next Topmodel by Heidi Klum*« (ProSieben, D) in der Ausstrahlung vom 3. März 2011 eine aufregende Challenge zu bestreiten: Als Teamleistung sollten sie eine Stunde lang auf dem Laufband laufen – allerdings in High-Heels. Und mit der Gesamtleistung von 256,6 km erzielten sie den Weltrekord für die »**weiteste Laufbandstrecke in High Heels (1 Std., 50er-Team)**«.

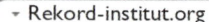
FRAUEN-POWER

VOLLE KRAFT VORAUS

Beim WTA-Turnier in Stanford in Kalifornien (USA) erzielte Sabine Lisicki (D) am 29. Juli 2014 den Weltrekord für den »**schnellsten Aufschlag im Damentennis**«. In ihrem Erstrundenmatch gegen Ana Ivanovic (SRB) beschleunigte Lisicki den Spielball auf 210,82 km/h, wie offiziell von der WTA bestätigt wurde. Trotz Rekordaufschlag unterlag Lisicki der früheren Weltranglistenersten Ivanovic mit 6:7 (2:7) und 1:6.

SCHARF, SCHÄRFER, BHUT JOLOKIA

Im Rahmen der am 28. Juli 2013 auf Kabel eins (D) ausgestrahlten *»Die große ›Abenteuer Leben‹-Weltrekord-Show«* gelang es »Schärfequeen« Birgit Tack (D) am 13. Juli 2013 am Strand von St. Peter-Ording (D) in nur 57,67 Sekunden drei Chilischoten der extra-scharfen Sorte zu verspeisen und sich den Rekord für das »**schnellste Verspeisen von drei Bhut-Jolokia-Chilischoten**« zu sichern.

SENSATIONELLE SENIORIN

Inge-Brigitte Herrmann aus Preetz (*9. April 1921, D) ist die »**älteste aktive Tischtennisspielerin**«. Die damals 93-Jährige trat im Mai 2014 bei der Senioren-Tischtennis-WM in Auckland (NZ) an. Dort konnte sich die Tischtennis-Senioren-Weltmeisterin im Doppel von 2010 und Vizeweltmeisterin von 2012 allerdings nicht gegen die jüngere Konkurrenz durchsetzen und schied in der ersten Runde aus.

HAARSPITZEN MIT POWER

Am 8. Juni 2016 zertrümmerte Simone Schmidt (D) in Hamburg (D) in nur einer Minute 15 Bretter mit einem Gewicht, das sie an ihren Haaren befestigt hatte. Mit dieser Leistung hält sie den Weltrekord für die »**meisten mit einem im Haar befestigten Gewicht zerschlagenen Bretter (1 Min.)**«.

FLIEGENDE HANDTASCHEN

Hinter der HTWWWM steht ein sportlich motivierter Wettkampf, nämlich die Weltmeisterschaft im Handtaschenweitwurf. Hierbei treten Hobbyathleten in der Einzel- und Teamwertung für ein Land ihrer Wahl gegeneinander an. In beiden Disziplinen konnten am 2. August 2014 im Movie Park Germany in Bottrop (D) die Weltrekorde verbessert werden. Pierre Ermini (D) aus Wuppertal (D) ging dabei für Finnland an den Start und holte mit 30,95 m den Titel für den »**weitesten Handtaschenwurf (Einzel)**«. Weltmeister im »**weitesten Handtaschenwurf (Team)**« wurde Österreich mit einer Gesamtweite von 92,81 m.

EWIGE REKORD-STEFFI

Nur eine Tennisspielerin schaffte den **Golden Slam** – den Gewinn aller vier Tennis-Grand-Slam-Turniere und Olympia-Gold in einem Jahr. Diese einmalige Leistung gelang der Brühlerin Steffi Graf (D) im Jahr 1988. In diesem Rekordjahr spielte Graf auch das **kürzeste Match bei einem Grand-Slam-Finale**. Im Finale der French Open am 4. Juni 1988 gegen die Weißrussin Natallja Swerawa brauchte sie nur 34 Minuten – Ergebnis: 6:0, 6:0.

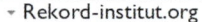

IN DER BALANCE

EINHANDHÜPFER IN REKORDZEIT

Am 9. September 2006 verbesserte Rodolfo Reyes (D) aus Kitzingen (D) auf dem Centro-Festival in Oberhausen (D) seinen eigenen Weltrekord für das »schnellste Einhandhüpfen über die 10-m-Strecke«. In nur 13,60 Sekunden legte er die geforderte Entfernung zurück, indem er im einhändigen Handstand balancierend vorwärts hüpfte.

EINHANDSPRÜNGE MIT APPLAUS

Benedikt Mordstein (D) erzielte am 15. November 2012 im Café ZUMM in Mittweida (D) mit 41 die meisten Einhandsprünge mit dabei ausgeführten Klatschern. Kaum einen Monat später, am 7. Dezember 2012, verbesserte er diese Leistung in einer chinesischen TV-Show in Peking (CHN) auf 55 Sprünge.

QUERSTAPLER AUS SCHEESSEL

Am 21. Mai 2016 wurde in Rotenburg an der Wümme (D) auf dem Gelände der Firma Specht Betriebsausstattungen (D) der Wettbewerb im horizontalen Stapeln von Getränkekisten ausgetragen. Und wieder dominierte der Werkstattclub Scheeßel (WCS), Vorjahressieger und amtierender RID-Weltrekordhalter, das Feld. Mit 60 Kisten, die die geforderten fünf Sekunden hochgehalten wurden, gewann der Club den Wettbewerb und sicherte sich damit auch den Weltrekord für die »meisten horizontal gestapelten Getränkekisten«.

LIPPENPFLEGESTIFTE MAL ANDERS

Bei den Proben zu »Wetten, dass..?« (ZDF, D), am 5. Oktober 2013 in Bremen (D), gelang es der damals zwölfjährigen Judoka Paula Hub aus Vielist bei Waren/Müritz (D) 10 m weit auf lose auf dem Untergrund stehenden Lippenpflegestiften balancierend zurückzulegen. In nur 2 Minuten 30 Sekunden sicherte sich Paula den Weltrekord in dieser Disziplin und errang den Titel für die »schnellste auf Pflegestiften balancierte 10-m-Strecke«.

KÖNNER MIT KINN

Im Juli 2013 packte Julian Böhme (D) der Rekord-Ehrgeiz. Bei einer Fotosession in einem Haferfeld in der Nähe von Berlin, bei dem er mit Partner Pierre-Nicolai Scheffler eigentlich Pressefotos für das gemeinsame Jonglage-Duo »Klirr Deluxe« schießen wollte, kam den beiden die Idee, Julian alle Stühle auf dem Kinn balancieren zu lassen, die sie für die Fotosession dabei hatten. Obwohl die Kinn-Balance von Gegenständen zu Julians Paradenummern gehört, nimmt er bei Auftritten »nur« fünf bis sechs Stühle. Stattdessen wurden es nun 14 ineinander verhakte Stühle, die er in die Höhe hob, und zehn Sekunden lang auf seinem Kinn platzierte – neuer Weltrekord für die **»meisten auf dem Kinn balancierten Stühle«**.

AUS DEM STAND IN DEN HANDSTAND

Lukas Steiner (A) erzielte mit 2,55 m den **»längsten Sprung aus dem Stand in den Handstand«**, den er für fünf Sekunden hielt – neuer Deutschland-Rekord. Organisiert wurde der Rekordversuch auf dem Partnermeeting der IMM Holding GmbH in Mittweida (D) am 10. November 2011.

JÄGER & SAMMLER

… MINIMASKEN

Die **»größte Miniatur-maskensammlung«** im Besitz von Gerold Weschenmoser (D) kann im »Mäsklemuseum« in Starzach (D) bestaunt werden. Per Stichtag 3. März 2013 wurden dort 5.600 auf Holz-bretter montierte und nach Herkunft sortierte Miniaturmasken aus 19 verschiedenen Län-dern ausgestellt. Unter den 2,5 cm bis 10 cm großen Masken befinden sich neben Exemplaren aus dem deutschen Sprachraum auch solche aus Asien, den USA sowie Mittel- und Südamerika.

… SCHIFFS-LATERNEN

Die »Maritime Samm-lung Kaltenhof« auf der Insel Poel (D) präsentiert gefahrene Schiffslaternen aus dem Zeitraum 1906 bis heute. Zum Dokumen-tationszeitpunkt 16. Juni 2015 befanden sich dort 627 Laternen. Der 63-jäh-rige Initiator und Kurator Harald Krabbe (D) besitzt kein Boot und ist selbst nie zur See gefahren.

… PINGUINE

Bereits mit 17 Jahren wurde Birgit Berends (D) aus Cuxhaven (D) durch die Trickserie »Pingu« in den Bann der possier-lichen Tiere gezogen. Seitdem wächst ihre **»größte Pinguin-sammlung«** stetig. Zum 1. Juli 2015 umfasst ihre Sammlung bereits 17.283 Pinguinartikel – Tendenz weiter steigend.

DIE MEISTEN...

... »LIEBE IST...«- ILLUSTRATIONEN

Liebe ist ... im Fall von Gottfried Blöchl (D) aus Deggendorf (D) vor allem beständig. Seit 1996 schneidet er für seine Frau Margot Bilder der Reihe »Liebe ist ...« aus Tageszeitungen aus. Zum Stichtag 15. März 2016 besaß er 4.749 aufgeklebte Ausschnitte – Rekord für die **»größte ›Liebe-ist‹-Sammlung«**.

... BARBIEPUPPEN

Bettina Dorfmann (D) aus Düsseldorf sammelt mit Leidenschaft und seit 1993 ernsthaft. Bis heute hat sie 15.000 Exemplare von »Barbara Millicent Roberts« in ihrer Wohnung versammelt – Weltrekord für die **»größte Barbiepuppen-Sammlung«**.

... LIPPENPFLEGE-STIFTE

Anne Götten (D) aus Demerath (D) ist die uneingeschränkte Königin der Lippenpflege. Zum Stichtag 2. April 2016 nannte sie 1.362 Pflegestifte ihr Eigen und hat damit die weltweit **»größte Sammlung von Lippenpflegestiften«** zusammengetragen.

... BIERFLASCHEN

Deutschlands **»größte Sammlung ungeöffneter Bierflaschen«** gehört Peter Bröker (D) aus Geesthacht (D). Am 8. Januar 2015 umfasste sie unglaubliche 20.700 ungeöffnete Bierflaschen, darunter sind unter anderem 5.500 Sorten, die mittlerweile nicht mehr hergestellt werden.

WISSENSCHAFT & TECHNIK

Deutsche Wissenschaftler, deutsches Handwerk und deutsche Ingenieurskunst sind weltweit hoch angesehen. Im Kleinen und Großen liefern sie rekordverdächtige Produkte und stellen sich gern dem internationalen Rekord-Wettbewerb.

ENERGIE

TALSPERREN-ILLUMINATION

Das »längste dauerhaft mit Farbwechsel illuminierte Bauwerk« ist die 400 m lange Sperrmauer Edersee bei Waldeck in Hessen (D). Im Auftrag der Gemeinde Edertal montierte ein aus Kletterern und Monteuren bestehendes Team in den 39 Überläufen der Sperrmauer ebenso viele mittels Datenkabel verbundene und steuerbare LED-Strahler. Am 12. Juli 2014 wurde die Beleuchtungsanlage in einem großen Fest zu »100 Jahre Edertalsperre« eingeweiht und von Bürgermeister Klaus Gier (D) mit einem symbolischen Knopfdruck erfolgreich in Betrieb genommen.

SONNENKOLLEKTOR EXTREM

60 Solarprofis der Silo Solar GmbH (A) und eine ebenso große Zahl an Installateurslehrlingen aus Tirol (A) haben es am 31. Januar 2014 in einem spektakulären Eröffnungsevent der Messe »Hausbau & Energie« in Innsbruck (A) geschafft, den mit 70,72 m² »größten Sonnenkollektor der Welt« zu bauen. Dieser war 20,80 m lang und 3,40 m breit, und nach seiner Fertigstellung voll funktionstüchtig. Nach den Regeln für diese Rekordkategorie muss das durch den Kollektor geleitete Wasser am Ausgang 5 °C wärmer sein, als es beim Eingang war. Die Sonne kam zur richtigen Zeit zwischen den Wolken hervor, sodass nicht nur diese Vorgabe erfüllt war, sondern durch die Kraft der Sonne genug warmes Wasser erzeugt wurde, um zahlreichen Freiwilligen eine warme Dusche im Freien zu ermöglichen.

IN DIE PEDALE FÜR SAUBERE ENERGIE

120 Standräder mit je vier parallel geschalteten handelsüblichen Seitenläufer-Dynamos, so wie sie millionenfach an deutschen Fahrrädern verbaut sind. Dazu 2.900 Menschen, die 24 Stunden lang abwechselnd in die Pedale traten: Das waren die Zutaten für den erfolgreichen Weltrekordversuch, der am 15./16. Mai 2015 im Volkswagenzentrum Oldenburg (D) aufgestellt wurde. Und tatsächlich gelang es den Teilnehmern des dort für die Stadt Oldenburg von Ralph Butzin (D) organisierten Events so viel Strom zu erzeugen, dass ein rein elektrisch betriebener VW Up! 120 km weit fahren konnte, wie Olaf Lies (D), Niedersächsischer Wirtschaftsminister, eindrucksvoll am Steuer bewies – ein neuer Weltrekord für die »weiteste E-Auto-Strecke mit rein durch Muskelkraft erzeugter Energie«.

BLINKENDER GULLY

In der Mitte eines Kreisels in Wallenhorst (D) sind fünf illuminierte Gullydeckel installiert und kaum einer ahnt, das sie dort Rekordgeschichte schreiben. Denn seit April 2014 bildet jeder von ihnen mit einem Durchmesser von 86 cm das »**kleinste dauerhaft mit Farbwechsel illuminierte Bauwerk**«.

MIT ELEKTROANTRIEB IN DIE LUFT

Am 24. März 2015 gab die Siemens AG (D) bekannt, dass es ihren Forschern gelungen ist, einen neuartigen Elektromotor für Flugzeuge zu konzipieren. Dieser liefert bei einem Gewicht von nur 50 kg eine elektrische Dauererleistung von 260 kW – etwa fünfmal so viel wie vergleichbare Antriebe. Um diese Motorleistung dauerhaft abrufen zu können, hätten die Ingenieure alle Komponenten bisheriger Motoren bis an ihr technisches Limit optimiert. In Verbindung mit konsequenter Leichtbauweise und neuen Simulationstechniken erreicht der neue Motor so ein Leistungsgewicht von fünf kW pro kg, ein neuer Weltrekord für den »**Flugzeug-E-Motor mit dem höchsten Leistungsgewicht**«.

GROSSE TASCHENLAMPE, BRENN...

Die »**größte Taschenlampe**« ist 4 m lang und hat einen Durchmesser von 96 cm. Die von Zweibrüder Optoelectronics (D) hergestellte und mit 19 LEDs bestückte Nachbildung einer »LED LENSER ® X21« wurde am 24. September 2011 auf der »Lichternacht« in Solingen (D) präsentiert.

SCHNELLSTE FAHRZEUGE

RASENMÄHEN LEICHT GEMACHT

Der »schnellste Rasenmäher der Welt« wird von Honda gefertigt. Der »Mean Mower« (Auf Deutsch: böser Mäher) verfügt über einen 1.000-cm³-Motor mit 109 PS und erreichte am 8. März 2014 im spanischen Tarragona bei zwei 100-m-Läufen in entgegengesetzte Richtungen ein Geschwindigkeitsmittel von 187,61 km/h. Darüber hinaus kann der »Mean Mower« tatsächlich Rasen mähen. Zwei Elektromotoren auf dem Mähdeck bringen den drei Millimeter dünnen Stahl-Mähfaden auf erstaunliche 4.000 Umdrehungen pro Minute.

IN SERIE, ABER NICHT VON DER STANGE

Das „schnellste Serienfahrzeug" ist mit 431,072 km/h der Bugatti Veyron 16.4 Super Sport. Diese Höchstgeschwindigkeit erzielte Pierre-Henri Raphanel (F) am 26. Juni 2010 mit dem zweiten produzierten Vorserienfahrzeug auf der VW-Teststrecke in Ehra-Lessin bei Wolfsburg (D) in zwei gegenläufigen Messfahrten. Das von Bugatti Engineering in Wolfsburg (D) entwickelte und von Bugatti Automobiles in Molsheim (F) hergestellte Fahrzeug ist seit dem 6. September 2010 auf dem Markt erhältlich.

VOLLGAS MIT BIOGAS

Jürgen Hohenester (D) erreichte am 3. April 2009 auf der ATP-Teststrecke in Papenburg (D) mit einem auf Biogasbetrieb umgerüsteten Audi A4 2,7 Quattro eine Geschwindigkeit von 364,60 km/h. Die dafür benötigte Technologie lieferte das Kompetenzzentrum für alternative Kraftstoffe des TÜV Rheinland in Saarbrücken (D).

TRAUMSTART MIT ELEKTROENERGIE

Eine Gesamtleistung von 128 kW, verteilt auf vier Motoren an vier Rädern, eine ausgeklügelte Drehmomentregelung sowie eine optimierte Aerodynamik sorgen für die traumhafte Beschleunigung von 1,779 Sekunden, um die 100-km-Marke zu erreichen. Das Besondere daran: Der Antrieb dieses Rennwagens ist rein elektrisch und das Fahrzeug wurde ausschließlich von Studenten entwickelt und beim erfolgreichen Weltrekordversuch gefahren. Dem Verein »Greenteam« aus Baden-Württemberg gehören vor allem Ingenieurs-Studenten der Uni Stuttgart (D) an, die den »E0711-5« im Jahr 2014 im Rahmen des internationalen Konstruktionswettbewerbes »Formula Student Electric« entwickelt hatten. Dabei messen sich Studenten aller Fachrichtungen im Bau von elektrischen Rennwagen nach einheitlichem Reglement. Nach einer Konzept-, Konstruktions- und Bauphase treten die gebauten Rennwagen dann in weltweiten Wettbewerben gegeneinander an. Insgesamt gibt es über 100 Formula Student Electric Teams auf der ganzen Welt.

TRAKTOR IM TEMPORAUSCH

Bemerkenswert ist der Rekord, der am 9. Februar 2015 auf einer gesperrten Straße in Vuojärvi, 20 km vor der Stadt Sodankylä bei Rovaniemi in Finnland, aufgestellt wurde. Man könnte auch respektvoll sagen: Die spinnen, die Finnen. Denn dort knackte der mehrfache Rallye-Weltmeister Juha Kankkunen (FIN) den bisherigen Weltrekord für die »schnellste Traktorfahrt«, als er mit 130,165 km/h über die eisige Straße fegte. Die Regeln für den Geschwindigkeitsrekord eines Traktors sind genau definiert. Die Fahrt des Valtras durch die 50 m lange Messstrecke musste in beide Richtungen erfolgen, und der Mittelwert der beiden Messungen ergab die neue Rekordmarke. Mit fliegendem Start hatte Juha Kankkunen (FIN) lediglich eine Stunde Zeit, um den Rekord zu erringen.

BESONDERE BAUTEN

UNBEABSICHTIGTER ÜBERHANG

Am Himmelfahrtstag 2015, dem 14. Mai, bestätigte RID-Rekordrichter Rolf Allerdissen dem Turm der evangelischen Oberkirche in Bad Frankenhausen, Kyffhäuserkreis (D) mit 4,60 m den Weltrekord für die **»größte Abweichung aus der Lotachse bei einem nicht absichtlich geneigten Gebäude«**. Als die Kirche »Unserer Lieben Frauen am Berge« – heute Oberkirche – am 25. April 1382 als Basilika im gotischen Stil fertiggestellt wurde, befand sie sich in der für Gebäude üblichen lotrechten Achse, der Turm stand weitgehend senkrecht. Da aber die Kirche mit ihrem 56 m hohen Turm über der »Kyffhäuser-Südrandstörung« gebaut wurde, einem geologisch instabilen Untergrund, drückten die etwa 2.300 Tonnen Bauwerkslast des Kirchturms das Gebäude mit der Zeit in die heute deutlich sichtbare Schieflage. Bei dem Rekord handelt es sich nicht um den größten Winkel eines schief stehenden Gebäudes gegenüber der lotrechten Achse, sondern um den größten unbeabsichtigten Überhang eines Gebäudes aus der ursprünglichen Vertikalen, gemessen an der Turmspitze. Dieser ergibt sich aus dem Winkel eines schiefen Gebäudes im Zusammenspiel mit seiner Höhe.
Neben dem monumentalen Bauernkriegspanorama ist die »schiefe« Oberkirche Wahrzeichen und Tourismusmagnet der thüringischen Kleinstadt Bad Frankenhausen am Kyffhäuser.

ZUR HÖHEREN EHRE GOTTES

Den **»höchsten Kirchturm der Welt«** hat mit 161,53 m das Ulmer Münster (D), dessen Bau im Jahr 1377 begonnen wurde. Der Turm in der Mitte der Westfassade wurde erst 1890 fertiggestellt. 768 Stufen führen zur obersten Aussichtsgalerie.

REKORDBURG IN BURGHAUSEN

Die mit 1.051,02 m **»längste Burg der Welt«** steht in Deutschland, und zwar im bayerischen Burghausen. Ihre Länge wurde Anfang 2009 durch eine neue Vermessung des Burghauser Vermessungsamtes ermittelt und ist die lineare Entfernung von der Südspitze des sog. »Unteren Zwingers« bis zur Nordseite des »Curaturms«.

TURM MIT NEIGUNG

Laut Messung vom 17. Januar 2007 hat der Turm der protestantischen Kirche in Suurhusen (D) (nördlich von Emden, D) eine Neigung von 5,1939°. Damit wurde der zuvor von dem berühmteren Schiefen Turm von Pisa (I) gehaltene Rekord gebrochen – der Turm in Pisa hat nur eine Neigung von 5,08°.

1.708 ZIMMER

Als das »Neue Rathaus« in Leipzig (D) im Jahr 1905 fertiggestellt und seiner Bestimmung übergeben wurde, gehörte es zu den bedeutendsten deutschen Rathausbauten. Nun – 110 Jahre später – wurde dem Bauwerk eine Anerkennung zuteil, an die damals weder Baumeister oder Handwerker noch die Leipziger Bürgerinnen und Bürger gedacht hatten. Der Weltrekord für das »größte zu diesem Zweck gebaute Rathaus (nach Anzahl der Zimmer)« wird gehalten vom Ensemble »Neues Rathaus/Stadthaus« in Leipzig. Auf einer Nettogrundfläche von 65.870 m² befinden sich 1.708 abgeschlossene Räume, wie am 2. Juni 2015 geprüft und beurkundet, und am 6. Juni 2015 in einem offiziellen Festakt auf dem Marktplatz bestätigt wurde, als Bürgermeister Burkhard Jung (SPD) im Rahmen der »StadtFest-Tage« die Rekordurkunde erhielt.

WISSENSCHAFT

SOLARZELLE MIT WIRKUNG

Gemeinsam mit ihren französischen Partnern Soitec und CEA Leti entwickelte das Fraunhofer-Institut für Solare Energiesysteme ISE in Freiburg (D) die weltweit leistungsfähigste Solarzelle. 46 % des einfallenden Sonnenlichts werden in der Mehrfachsolarzelle direkt in elektrische Energie umgewandelt, womit ein neuer Weltrekord für den »**größten Wirkungsgrad bei Solarzellen**« erzielt wird, bestätigt durch eine unabhängige Messung des National Institute of Advanced Industrial Science and Technology (AIST) in Japan, wie die Freiburger am 1. Dezember 2014 bekannt gaben.

Die Rekordzelle ist eine Vierfachsolarzelle, und jede Teilzelle wandelt exakt ein Viertel der Photonen im Wellenlängenbereich zwischen 200 und 1750 nm in elektrische Energie um.

UILTIMATIVE KLEBSTOFF-POWER

Das »**schwerste mit Klebstoff gehobene Gewicht**«, ein mit gefüllten Wassertanks beladender LKW, der an einem Kran für eine Stunde einen Meter über dem Boden hing, beträgt 10.08 t, erzielt am 21. Juni 2012 von 3M Deutschland GmbH (D) mit Unterstützung von Dr.–Ing. Markus Schleser und Dipl.-Ing. Jens Schoene vom Institut für Schweißtechnik und Fügetechnik der RWTH Aachen (alle D).

BRENNSTOFFZELLEN-MARATHON

Am 22. Oktober 2015 gaben Forscher im Forschungszentrum Jülich (D) bekannt, dass ihr Zellstapel mit Hochtemperatur-Brennstoffzellen mittlerweile seit über acht Jahren oder 70.000 Stunden pausenlos läuft – länger als jede andere Brennstoffzelle mit keramischen Zellen zuvor. Damit holten sich die Jülicher den Weltrekord für die »**am längsten laufende Brennstoffzelle**«.

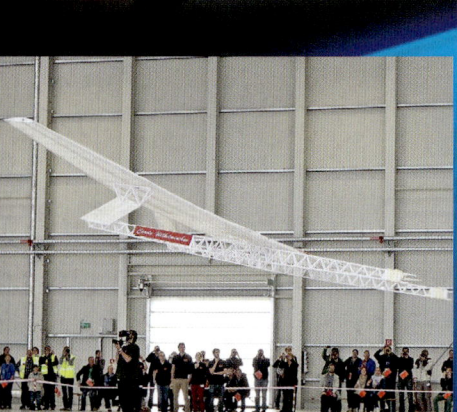

MIT PAPIER DURCH DIE LUFT

Ausschließlich aus Papier und Klebstoff bauten Studenten und Mitarbeiter der Fakultät für Maschinenbau der TU Braunschweig (D) das »**größte flugfähige Papierflugzeug**«, das am 28. September 2013 erfolgreich seinen Jungfernflug absolvierte. Der Flieger musste nicht nur die Spannweite des 1995er-Rekordfliegers der Uni Delft (NL) von 13,97 m überbieten, sondern auch ohne Absturz 15 m weit fliegen. In mehr als 1.200 Arbeitsstunden entstand nun »Carolo Wilhelminchen« mit einer Spannweite von 18 m, einer Länge von 5 m und einem Gesamtgewicht von 24 kg.

TORNADO IM MUSEUM

Das Mercedes-Benz-Museum in Stuttgart (D) verfügt über ein einmaliges Rauchabzugssystem. Bei Feueralarm wird ein Luftstrom im Innenhof des Museums erzeugt, der einen 34,40 m hohen Tornado bildet; dadurch wird der Rauch gesammelt und dann durch ein Abzugsgebläse oben im Gebäude nach außen geleitet. Nach der Fertigstellung der Anlage gab es am 15. Oktober 2007 einen erfolgreichen Funktionstest, bei dem Trockeneisnebel den Rauch eines Feuers simulierte und den **»größten künstlich erzeugten Tornado«** sichtbar machte.

SEIFENBLASEN IM ALL

Der deutsche Astronaut Alexander Gerst sorgte 2014 bei seinem Dienst auf der ISS, der Internationalen Raumstation, mit ungewöhnlichen Experimenten für Aufsehen. Im Rahmen der »Aktion 42«, die mit der »Stiftung Jugend forscht« ausgelobt wurde, konnten deutsche Schülerinnen und Schüler Experimente vorschlagen, die Gerst in der Schwerelosigkeit durchführte. Am 9. Juli 2014 wurden **»zum ersten Mal überhaupt im Weltall Seifenblasen gepustet«**. Dabei fand Gerst heraus, dass diese Blasen in der Schwerelosigkeit ungleich stabiler sind als auf der Erde. Nadelstiche machen ihnen nichts aus, und selbst wenn sie mit einer anderen Flüssigkeit gefüllt werden, bekommt man sie dadurch nicht zum Platzen. Der Grund ist die fehlende Erdanziehungskraft, die sonst dafür sorgt, dass sich größere Flüssigkeitsmengen an der unteren Seite einer Blase sammeln und diese zum Platzen bringen.

EINE HOHE EHRE

Am 13. Januar 2015 wurde der deutsche ESA-Astronaut und RID-Rekordhalter Alexander Gerst von Bundespräsident Joachim Gauck mit dem Verdienstkreuz 1. Klasse ausgezeichnet. Dabei hob der Bundespräsident die Bedeutung der Erforschung des Weltalls hervor.

DICKE DINGER

WASSERSKI WIE NIE

In der am 24. Oktober 2010 ausgestrahlten Folge von »Galileo« (ProSieben, D) gelang es TV-Reporter Jan Schwiderek (D) auf dem Mittelmeer vor Alicante (E) mit einer Geschwindigkeit von 14 Knoten (26 km/h) 6 Minuten 25 Sekunden lang Wasserski zu fahren. Als Zugmaschine kam dabei die 252 m lange AIDAbella zum Einsatz – mit 69.203 GT das größte je für diesen Zweck verwendete Schiff – Weltrekord für das »größte Zugfahrzeug beim Wasserski«.

LADER-GIGANT

Der Muldenkipper BelAZ-75710 ist der »stärkste LKW aller Zeiten«. Der Gigant kann mehr als 450 Tonnen Material transportieren – was rund sieben vollgetankten, beladenen Airbus A320-200 entspricht. Angetrieben wird der Truck von jeweils 1.200 Kilowatt (kW) starken Elektromotoren von Siemens (D). Zwei 16-Zylinder-Dieselmotoren mit zusammen rund 3.400 kW liefern dabei die Energie, die der Elektroantrieb verschlingt, um die riesigen Reifen in Bewegung zu setzen. Im Oktober 2013 wurde der Riesentruck der Öffentlichkeit vorgestellt. Er ist über 20 m lang, knapp 10 m breit und rund 8 m hoch und beschleunigt auf maximal 64 km/h. Er wird im Tagebau in Sibirien eingesetzt und transportiert dort Kohle sowie eisenerzhaltiges Gestein.

BOMBASTISCHER BOHRER

Bei dem im Juli 2013 eröffneten 2.500 m langen Sparvo-Tunnel (I) zwischen Bologna und Florenz kam »Martina« zum Einsatz, die mit 15,55 m Durchmesser **größte Tunnelbohrmaschine der Welt«**, gebaut von der deutschen Herrenknecht AG. Trotz des schwierig zu bearbeitenden Gesteins wurde mit einer Antriebsleistung von 12.000 kW täglich 4.215 m³ Erdreich abgetragen.

WAS EIN KW ALLES BEWEGEN KANN

Gerhard Wingen aus Bad Feilnbach (D) hat sein Eigenbau-Motorrad um einen 1953 als Standmotor produzierten Diesel-Verdampfer-Motor der Marke Deutz herumgebaut. Präsentiert am 14. Juni 2016 in Bad Aibling (D), hat der »Deutz-Rocker« einen Radstand von 185 cm, ist 2,50 m lang, 1 m breit und wiegt 535 kg. Da der 553 cm³-Einzylindermotor nur 6 PS (4,41 kW) aufs Antriebsrad bringt, ist der »Rocker« mit 115,22 kg, die pro kW bewegt werden müssen, das **»Motorrad mit dem höchsten Gewicht pro 1 kW«**.

LICHT AM ENDE DES TUNNELS

Nach 17 Jahren Bauzeit wurde am 1. Juni 2016 der Gotthardtunnel in der Schweiz eröffnet, der tief unter den Alpen den Ort Erstfeld im Kanton Uri mit Bodio im Tessin verbindet. Ganze 57 km ist er lang, dieser **»längste Eisenbahntunnel der Welt«**, der seitdem dafür sorgt, die Bahnreise von der Schweiz nach Italien um eine Stunde zu verkürzen. In der Spitze bis zu 2.600 Menschen sowie vier riesige Tunnelbohrmaschinen der deutschen Herrenknecht AG haben seit 2003 den »Gotthard-Basistunnel« mit seinen zwei Röhren gegraben, und dabei einen weiteren Weltrekord aufgestellt: Am 19. Juli 2009 gelang der Maschine »Gabi 2« mit 56 m der **»schnellste Vortrieb einer Hartgesteinsbohrmachine in 24 Stunden«**.

LAUT, LAUTER, »VOX MARIS«

Die »Vox Maris« ist die **»lauteste Pfeifenorgel der Welt«**. Die 80-Pfeifen-Orgel, die mit Druckluft aus einem 5.000-Liter-Tank betrieben wird, wurde von Hey Orgelbau (D) im Unterfränkischen Urspringen (D) konzipiert und für die Expo 2012 im koreanischen Yeosu gefertigt. Dort windet sich die Orgel als harfenförmige und mehr als 70 m hohe Klangskulptur um die beiden Türme des »Sky Tower«. Die Orgel selbst spielt in einer Höhe zwischen 12 m und 20 m und hat ein Gelände von ungefähr 3 km Länge zu beschallen. Bei einer Vorführung im heimischen Urspringen vor der Verschiffung nach Korea erreichte die »Vox Maris« am 21. Oktober 2011 eine Lautstärke von 138,4 dBA, und holte damit den Weltrekord nach Deutschland.

KLEINE ORTE

PROFESSIONELLES MINI-THEATER

Das 2004 gegründete Theater »Lilli Chapeau« in Miltenberg (D) hat einen bestuhlten Zuschauerraum, der nur 27 Zuschauer fasst. Im »**kleinsten professionellen Theater**« gibt es rund 70 Produktionen pro Jahr. Der einzige Künstler, der dort auf der Bühne auftritt, ist Lilli Chapeau alias Celine Bauer (D, oben).

KINOGEFÜHL AUF ENGSTEM RAUM

Das »**kleinste kommerzielle Kino**« der Welt hat nur neun Sitze. Das »Palastkino« wurde am 30. Oktober 2006 in Radebeul (D) im Gebäude des dortigen Bahnhofs von Betreiber Johannes Gerhardt (D) eröffnet. Zurzeit ist das Kino wegen der Sanierung des Bahnhofsgebäudes geschlossen.

DIE KLEINE KNEIPE…

Der »Blomberger Saustall« in Blomberg (D) ist mit einer Innenfläche von nur 5,19 m² die »**kleinste Kneipe**« der Welt. Besitzer Reinhold Mennicke (D) bekam im Jahr 2000 die Schanklizenz.

1:1

Spreuerhofstraße   Reutlingen

Engste Straße der Welt
Breite: 31 cm
Narrowest street in the world
Width: 1 ft

WAS KLEINES FÜR DIE EHE

Mit einer Gesamtwohnfläche von 53 m²
ist das Hotel »Eh'Häusl« im bayerischen
Amberg (D) das **kleinste Hotel der Welt**«.
In dem 2008 generalsanierten und nur 2,50 m
breiten Gebäude können maximal zwei
zahlende Gäste gleichzeitig beherbergt
werden, denen auf sechs versetzten Ebenen
eine entsprechende Zahl an Zimmern zur
Verfügung steht. Auch ein Whirlpool ist im
Angebot enthalten. Bei der Erbauung des
Gebäudes im Jahre 1728 wurde einfach ein
Dach mit Vorder- und Rückwand zwischen
zwei bestehende Häuser gesetzt. Mit diesem Haus sollte es weniger gut betuchten
Bürgern ermöglicht werden zu heiraten,
wofür man damals Grundbesitz nachwei-
sen musste. Nach der Hochzeit wurde das
»Ehehaus« stets an die nachfolgenden
Aspiranten weiterverkauft.

IMMER AN DER WAND

Der Freiburger Stuntman Raffael
Armbruster (D) erzielte am
10. Juni 2013 im Halbmond-
gäßchen in Köln (D) den Weltrekord für das **schnellste
Gassenklettern in Bauchlage**«.
Dabei »klemmte« sich der Rekordbrecher zwischen zwei eng
zusammenstehende Wände und
kletterte durch den über Hände
und Füße ausgeübten Druck
gegen die Wand in die Höhe.
Die in den Regeln festgelegte
Distanz von 10 Metern bewältigte
Raffael in nur 17,176 Sekunden.

6   17   18   19   20   21   22   23   24   25   26   27   28   29   30   31

BAUCH EINZIEHEN, BITTE

Die Spreuerhofstraße in der Altstadt von Reutlingen (D) ist 50 m
lang und an der engsten Stelle nur **31 cm breit**. Zu Recht trägt
sie also den Rekordtitel **engste Straße der Welt**«. Damit das so
bleibt, kaufte die Stadt Reutlingen im Oktober 2013 das Gebäude
mit der Hausnummer 9, um es fachgerecht restaurieren zu lassen.

KLEIN GANZ GROSS

MINIATUR WUNDERLAND

Die »größte Modelleisenbahnanlage der Welt« ist das Miniatur Wunderland in Hamburg (D), das jährlich von mehr als 1,2 Mio. Gästen besucht wird. Auf der mittlerweile 1.300 m² großen Anlage wurden Regionen aus Europa und den USA im Maßstab 1:87 naturgetreu nachgebaut. Seitdem im Spätsommer 2016 der Italien-Abschnitt abgeschlossen wurde, gibt es insgesamt 15,4 km Gleise. Hinzu kommen über 15.000 Personenwagen und Güterwaggons, 1.300 Signale, 3.700 Gebäude und 220.000 Figuren.

Besonderen Wert legt das Team vom Miniatur Wunderland auf das Ausschmücken von Details

Hamburgs Erster Bürgermeister Olaf Scholz bei der Eröffnung des größten Miniaturflughafens der Welt mit den beiden Miniatur-Wunderland-Gründern Frederik und Gerrit Braun

LUFTNUMMER MIT SUBSTANZ

Der Flughafen Knuffingen im Miniatur Wunderland in Hamburg (D) ist das Modell des Flughafens Hamburg (D) im Maßstab 1:87 mit einer Gesamtfläche von 150 m². Der »**größte Modellflughafen der Welt**« wurde in sieben Jahren von 82 Mitarbeitern in gut 150.000 Arbeitsstunden gebaut, im Mai 2011 eröffnet und kostete etwa 12 Mio. EUR. Flug- und Fahrzeuge werden computergesteuert bewegt, und die 45 unterschiedlichen Flugzeuge können auf der 14 m langen Startbahn sogar abheben.

Blick in die Zukunft: In der hier schon fertigen Elbphilharmonie sind die Zuschauerränge gefüllt und liebevoll arrangiert

DAVID ZIEHT GOLIATH

In der am 28. November 2013 ausgestrahlten Folge des Infotainment-Magazins »*Galileo*« (ProSieben, D) unternahm das Team des Miniatur Wunderland in Hamburg (D) den Versuch, einen ungewöhnlichen Weltrekord nach Hamburg zurückzuholen. Auf dem DB-Betriebswerk in Hamburg-Langenfelde (D) sollten 198 Miniaturlokomotiven eine 84 t schwere Originallok der Serie DB 101 ziehen und die geforderte 10-m-Strecke zurücklegen. Tatsächlich schafften die Miniloks sogar eine Strecke von über 12 m und sicherten sich den Weltrekord für das »**schwerste von Modelllokomotiven gezogene Gewicht**«.

HANDWERK EXTREM

LEDERHOSE FÜR RIESEN

Spektakulärer Rekord mit Riesenlederhose in Zell am See-Kaprun (A): Das Traditionshaus Leder Ritsch (A) fertigte in bester Handwerksmanier die »größte Lederhose der Welt«. Mit der beeindruckenden Bundweite von 8,50 m, einer Seitenlänge von 5,30 m und einem Gesamtverbrauch von 110 m² Leder wurde die rund 65 kg schwere Riesenlederhose am 13. Juli 2013 beim Zeller Trachtenseefest offiziell vorgestellt.

XXXL-SITZMÖBEL

Der »größte Stuhl« ist 30 m hoch, und wurde von der XXXLutz KG zusammen mit der Holzleimbauwerk Wiehag GmbH (beide A) her- und seit dem 29. Juni 2007 vor dem XXXLutz-Möbelgeschäft in Sankt Florian (A) als Werbemittel ausgestellt.

GIGANTISCH FESCH

4,90 m hoch und 3,80 m breit ist das Riesendirndl, das am 17. Juli 2010 in Bad Ischl (A) vor der GDL-Handels- und Dienstleistungs GmbH (A) ausgestellt wurde und den Rekord als weltweit »größtes Trachtenkleid« erzielte.

TISCHLER-AZUBIS BEZWINGEN LEHRWERKSTATT

Zum »Tag des Tischlers« fertigten 34 Auszubildende der Tischler-Innung Herford (D) unter Anleitung der Innungs-Obermeister Heiko Bahls und Udo Knake (beide D) eine funktionstüchtige Klemmzwinge in originalem Maßstab. Das Riesenwerkzeug hat eine Spannweite von 15,62 m, wurde am 25. Oktober 2014 vor der Lehrwerkstatt Bünde (D) präsentiert und kurzerhand am Gebäude festgeklemmt. Damit holten die Tischler-Azubis den Weltrekord für die »größte Klemmzwinge« nach Bünde.

1A-QUALITÄT

3.200 Jahre alt ist die weltweit »älteste Hose«, die bei einer Grabung in Yanghai (CHN) in der Autonomen Region Xinjiang (CHN) entdeckt wurde, wie das Deutsche Archäologische Institut (DAI) am 2. Juni 2014 mitteilte. Das aus drei Teilen gewebtem Wollstoff zusammengenähte Kleidungsstück erlaubt dem Träger maximale Bewegungsfreiheit.

CALLI, PASST ES?

Selbst Reiner Calmund (D) ist zu klein für das »größte Oberhemd«, das die Firma Walbusch (D) am 25. Juni 2009 in der LTU-Arena in Düsseldorf (D) präsentierte. Aus dem 65,39 m langen, aus blauer Popeline und Polyestergarn gefertigten Riesenhemd mit einer Brustweite von 52,72 m und einer Ärmellänge von 23,98 m wurden nach der Vermessung 25.000 Tragetaschen hergestellt, die zugunsten eines SOS-Kinderdorfs in Weißrussland verkauft wurden.

VIEL RAUCH FÜR SEGEN

Am 20. November 2010 wurde in Waghäusel (D), in der Nähe von Karlsruhe (D), das »größte Weihrauchfass« in einem feierlichen Akt eingeweiht und seinem liturgischen Gebrauch übergeben. Das Fass ist als Himmelskörper konzipiert, besteht aus Aluminium, hat einen Durchmesser von 1,40 m und wiegt 230 kg. Es hängt an einer Stahlkonstruktion, deren Antrieb von der Uni Karlsruhe ausgetüftelt wurde. Gefertigt hat es der Künstler Otfried Kallfass (D) auf Initiative der Ministranten der Kirchengemeinde St. Jodokus Wiesental, vornehmlich Johannes Groß und Michael sowie Gregor Käpplein (alle D).

AUF GROSSEM FUSS

Der 7,14 m lange, 2,50 m breite und 4,20 m hohe »größte Wanderstiefel der Welt« wurde von Schuh-Marke (D) hergestellt und am 30. September 2006 in Hauenstein (D) präsentiert. Der Stiefel wiegt 1.500 kg, das verwendete Leder 300 kg, und der Schnürsenkel ist 35 m lang.

**ZAHLEN
DATEN & FAKTEN**
Vorbild: Lowa »Renegade«
Schuhgröße: 1000 (europ. Größe)
Abmessungen: (L/B/H) 7,14 m /
2,50 m / 4,40 m
Gesamtgewicht: 1.500 kg
Ledergewicht: 300 kg
Nähfaden: 1.350 m (Polyamid)
Schnürsenkel: 35 m
Ledergröße: 90 m²
Lasche: 70 m²

www.weltrekordschuh.de

WELT
REKORD
SCHUH

HANDWERK

WELTREKORD AM NORD-OSTSEE-KANAL

Die »**längste aktuell aufgebaute Sitzbank**«
steht bei Rendsburg (D) am Ufer des Nord-Ostsee-
Kanals der »**meistbefahrenen künstlichen Wasserstraße**«. Die 575,75 m
lange Bank wurde am 19. September 2014 eingeweiht. Material und Arbeit
wurden gesponsert von den beteiligten Firmen Thomsen Tiefbau, Heinrich
Tepker, Tischlermeister Böhrnsen sowie der Kreishandwerkerschaft und
hauptsächlich von deren Lehrlingen durchgeführt.

HALBER KILOMETER BUNTSTIFT

Das Nürnberger Traditionsunternehmen Staedtler (D) hält
den Weltrekord für den »**längsten Buntstift**« mit einer Länge
von 459,97 m. Am 5. August 2015 wurde der Riesenbuntstift am
Nürnberger Firmensitz präsentiert.

ZU FUSS ÜBER DIE SCHLUCHT

Seit 22. November 2014 ist sie nicht nur
das neue Highlight der Naturparkregion
Reutte (A), sondern hält auch einen Weltrekord. Denn mit der stolzen Länge von
406 m ist die »highline179« die »**längste
Fußgänger-Hängebrücke der Welt**«. Bis
zu einer Höhe von 114 m schwebt sie über
dem Tal und verbindet zwei wichtige Bestand-
teile des Burgen-Ensembles Ehrenberg, die
geschichtsträchtigen Wehranlagen der Ruine
Ehrenberg und des Fort Claudia.

MIT DEM ROTEN UND SEHR LANGEN BAND DER SYMPATHIE

Das mit 6,75 km »**längste Eröffnungsband Europas**« schlängelte sich fast durch die gesamte Innenstadt und wurde am 31. März 2011 zur Feier der Neu-eröffnung des Kocherquartiers im baden-württembergischen Schwäbisch Hall (D) durchschnitten.

EIN GROSSER WURF

Auch abseits des Sports sorgte 2009 die IAAF Leichtathletik-WM für neue Rekorde in Berlin (D). Der mit einem Durchmesser von 30 cm und einer Länge von 28,83 m von Vattenfall (D) produzierte »**längste Speer**« wurde nach seiner Messung am 31. Juli 2009 als 3-D-Objekt in einem Riesen-poster am Potsdamer Platz installiert.

114 m

AUFGEFÄDELTES OSTSEEGOLD

Mit insgesamt 178,64 m wurde sie am 15. Juni 2014 in der »Bernsteinstadt« Ribnitz-Damgarten (D) unweit von Rostock (D) aufgefädelt, die »**längste Bernsteinkette**« der Welt. Dafür wurden von 203 freiwilligen Helfern 20.100 Bernsteine auf eine nur einen Millimeter starke Stahlseide aufgereiht. Die jetzige Rekord-Kette wird im Deutschen Bernsteinmuseum im Kloster Ribnitz aus-gestellt und kann dort besichtigt werden.

HANDARBEIT

NIMM MICH MIT, KAPITÄN...

350 m² groß und 117 kg schwer war der gigantische Papierbogen, aus dem am 9. Mai 2015 auf dem Sportplatz beim Rheinstrandbad Rappenwört in Karlsruhe (D) das weltweit **»größte Papierboot«** gefaltet werden sollte. Nach drei Stunden Bauzeit wurden schließlich Bug und Heck des Bootes auseinandergezogen, ganz genau wie bei einem kleinen Original – allerdings musste das »Segel« hier mithilfe einer Hebebühne positioniert werden. Unter dem Jubel der Schaulustigen wurden die Ergebnisse der Messung verkündet: 13,95 m lang, 4,20 m breit und 4,15 m hoch. Und damit hat Karlsruhe einen neuen Weltrekord.

DAS NEUE MASKOTTCHEN VON GRIMMA

Eingeladen von der Stadt Grimma (D) ging es am 3. Juni 2015 in die Muldestadt, zur Überprüfung der wahrscheinlich **»größten schwimmenden Strickente«** der Welt. In fünfwöchiger Arbeit aus sechs Kilometern Wolle Masche für Masche gestrickt von Mutter Sylvia und Tochter Sandy Gretschel (beide D), in Form gehalten von einem Drahtgestell und verankert auf einem Ponton im Fluss Mulde, wo sie Paddler erfreuen soll, ist »Wolly Duck« mit einer Bürzel-Schnabel-Länge von 1,40 m und einer Kopfhöhe von 85 cm tatsächlich die größte ihrer Art.

EIN BISSCHEN WAS ZU NASCHEN

Die weltweit »**größte Schultüte**« oder auch »**größte Zuckertüte**«, wie es in den neuen Bundesländern heißt, wurde von einem Team um Silvan Arndt (D) gebaut und am 21. September 2012 vor der Grundschule von Querfurt (D) der Öffentlichkeit präsentiert und dort vermessen. Die Weltrekord-Tüte ist 12,95 m hoch, hat oben einen Durchmesser von 1,62 m und war natürlich mit Naschereien gefüllt, um neuen ABC-Schützen den Schulalltag zu versüßen.

DUISBURG HOLT KUGELBAHN-WELTREKORD

Wochenlang hatten das Explorado Kindermuseum (D) und der Duisburger Reiseunternehmer Schauinsland-Reisen (D) an einem neuen Kugelbahn-Projekt gebaut, bei dem Besucher des Museums und Schulen im Umkreis Teilstücke gestalteten. Ihr Ziel: die weltweit längste Kugelbahn zu realisieren. Bei der Eröffnung der Bahn am 2. Juli 2014 war der Jubel groß, als tatsächlich der Weltrekord bestätigt wurde. Mit 1.288,58 m steht die »**längste Kugelbahn der Welt**« nun im Duisburger Explorado. Und jeder Besucher des Museums darf eine eigene Kugel auf die Reise durch die Weltrekord-Bahn schicken.

HÄKELN FÜR DEN GUTEN ZWECK

Am 20. September 2014 wurde im japanischen Ishinomaki die »**größte Häkeldecke der Welt**« übergeben, bestehend aus insgesamt 11.000 Häkelquadraten von 20 cm x 20 cm Seitenlänge, die zu einer 476,78 m² großen Decke zusammengenäht worden waren. Initiator Bernd Kestler (D), der in Japan Strickunterricht gibt, hatte mit seiner Spendeninitiative »Knit for Japan« über soziale Netzwerke um solche Quadrate gebeten, um die Opfer des verheerenden Erdbebens und des darauffolgenden Tsunamis zu unterstützen, der Japan 2011 getroffen hatte.

ACHTUNG, LIEBE MÄUSE...

Die »**größte Mausefalle der Welt**« steht im Garten des Café-Restaurants »Mausefalle« im Vulkaneifeldorf Neroth (D). Gebaut von Dietmar Weides und Bernd Stein (beide D), wiegt die riesige, voll funktionstüchtige Falle 867 kg. Sie ist 6,02 m lang, 3 m breit, 28,50 cm hoch und wurde am 11. Mai 2013 der Öffentlichkeit präsentiert. Neroth ist bekannt für Mäuse und Fallen und hat sogar ein Mausefallenmuseum. Bis Ende der 1970er-Jahre war hier eine Handwerks-Hochburg für Mausefallen.

ESSEN & TRINKEN

Essen und Trinken hält Leib und Seele zusammen. Doch manchmal muss es auch ganz schön schnell gehen – ob beim Cocktail-Mixen, Schaumschlagen oder Ketchup-Trinken. Skurriles und Staunenswertes aus der Welt der Kulinarik.

KÜCHENSTARS

HIER WIRD GEGESSEN, WAS AUF DEN TISCH KOMMT!

Einen zeitlich ebenso langen wie kulinarisch hochwertigen Event gab es vom 31. Oktober bis 2. November 2012 im »Seehotel Fährhaus« in Bad Zwischenahn (D). Zu dessen 100-jährigen Bestehen hatte Direktor Hans-Georg Brinkmeyer (D) geladen, dort das mit 100 verschiedenen, jeweils frisch zubereiteten Gängen **»umfangreichste Nonstop-Menü der Welt«** am Stück zu genießen. Jeder Gang musste auch tatsächlich von allen Gästen vollständig verspeist worden sein, bevor der nächste serviert werden durfte. Serviert wurden dabei alle 30 bis 45 Minuten nicht alltägliche Gerichte wie »Selleriecappuccino«, oder »Wachtelbrust mit süß-sauren Linsen«. Als allerletzten Gang gab es ein »süßes Finale der Pralinen«.

HENSSLER SCHLÄGT OLIVER

TV-Koch Steffen Henssler (D) hat Englands Starkoch Jamie Oliver herausgefordert. Dieser produzierte im Januar 2013 nur mit einem Messer mit zehn die **»meisten in 30 Sekunden klein gehackten Chilischoten«**. Steffen Henssler schaffte am 19. März 2013 in Hamburg (D) eine mehr: Er hält mit elf klein gehackten Schoten den Weltrekord.

»COCKTAIL-MIX-BATTLE«

Zu knacken war der Rekord für die **»meisten in 12 Stunden gemixten Cocktails«**. Alexander Brittnacher (D) schöpfte am 30. August 2014 die zur Verfügung stehende Wettbewerbszeit von 12 Stunden vollständig aus und »schüttelte« auf dem Trierer Hauptmarkt (D) 5.286 Cocktails aus je vier Zutaten, und holte so den Weltrekord nach Trier (D). Dabei ging es auch um den guten Zweck: Alle Einnahmen der für mindestens 3,50 EUR abgegebenen Cocktails wurden zugunsten der »Villa Kunterbunt« gespendet, die sich um die Nachsorge chronisch schwerkranker Kinder und deren Angehöriger kümmert.

SCHAUMSCHLÄGER IM FERNSEHEN

Schlagerstar Thomas Anders (D) ist Weltrekordhalter im Schaumschlagen. Er schlug am 27. April 2002 in einem TV-Studio in München (D) in einem Duell gegen Pop-Titan Dieter Bohlen (D) mit einem handelsüblichen Schneebesen das Eiweiß von vier Eiern in 58 Sekunden so steif, dass er sich die Rührschüssel umgedreht über den Kopf halten konnte, ohne dabei um seine Frisur fürchten zu müssen. Damit erzielte er den Weltrekord für das **»schnellste Steifschlagen von 4 Eiweiß«.**

MIT COCKTAILS ZUM FINALE

Zum großen Finale der *»CouchClub«*-Rekordwoche im WDR-Fernsehen wurde es am 3. September 2015 noch einmal spannend. Gleich zwei Weltrekorde wollte das WDR-Team nach Essen holen und hatte dazu amtierende Weltrekordhalter eingeladen. Matthias Knorr, Inhaber der Barschule München, war gemeinsam mit Ehefrau Anna und Kollege Thomas Weinberger (alle D) angetreten, um sich den Team-Rekord für die »meisten Cocktails« in der Minuten-Kategorie zu sichern. Hierzu mussten mindestens 54 Cocktails gemixt werden. Nachdem Matthias Knorr quasi zum »Aufwärmen« mit dem Einzelrekord gestartet war, bei dem er 41 den Regeln entsprechende Cocktails erfolgreich produziert hatte, trat das Team an, die geplante Rekordleistung zu realisieren – und war erfolgreich, denn sie schafften mit 128 den Weltreord für die **»meisten Cocktails (1 Min., Team)«.**

SCHMECKT'S?

PROBIEREN GEHT ÜBER STUDIEREN

Am 14. Februar 2015 organisierte Tiefkühlprodukthersteller iglo im Elbe-Einkaufszentrum in Hamburg (D) einen Weltrekordversuch für die »meisten an einem Tag verteilten Probierportionen«. Hierfür mussten innerhalb von 12 Stunden mindestens 6.000 servierte Portionen erreicht werden, für die auch jeweils ein Abnehmer benötigt wurde. 30 Köche und Kellner waren im Einsatz, um diese Aufgabe in iglos »Pop-Up Restaurant« zu meistern. RID-Rekordrichterin Eva Ricarda (D) verkündete den Weltrekord mit dem Endstand von 9.271 an die Gäste verteilten Portionen.

TRAUMHAFT TEURES TÖRTCHEN

Am 15. Dezember 2014 wurde in Dubai (UAE) für 2.015 EUR das »teuerste Törtchen der Welt« verkauft. »The Golden Eve«, wie es in der Karte genannt wird, hat einen Durchmesser von 16 cm, eine Höhe von 5 cm und wiegt 620 g. Entwickelt wurde das komplett zuckerfreie Törtchen vom deutschen Konditormeister Stefan Kopetz für den Rekordversuch zur »größten Dessertparty der Welt«, die an diesem Tag von der in Dubai ansässigen Coffeeshop-Kette »Icons« veranstaltet wurde. Teuer macht das Törtchen nicht nur der Wunsch nach Luxus und Extravaganz, sondern die Menge und Qualität an teuer gehandelten Rohstoffen, die alle aus sozial-nachhaltigem Anbau stammen sollen.

Zutaten:

»Kopi Luwak«, der teuerste Kaffee der Welt (Indonesien)

Trüffel aus Alba im Piemont (Italien)

Edelste Safran-Fäden (Kashmir)

Kalt geräuchertes Meersalz aus dem Toten Meer (Jordanien)

Limetten-Kaviar (Australien)

Stevia (Österreich)

Für den besonderen Kick wird das Törtchen komplett mit feinem Blattgold aus Brasilien überzogen. Der nur auf Bestellung gefertigte Luxusartikel ist so begehrt, dass er bislang zwölfmal verkauft wurde.

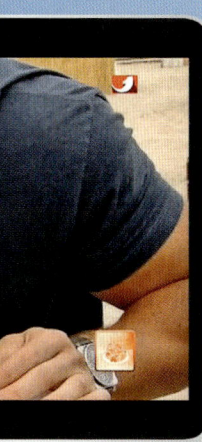

EINE PORTION PASTA, BITTE

Dem international bekannten Schnellesser Furious Pete, alias Peter Czerwinski (CDN), gelang es in der am 28. Juli 2013 ausgestrahlten »*Die große ›Abenteuer Leben‹-Weltrekord-Show*« (kabel eins, D) einen weiteren Weltrekord zu erzielen. In nur 41 Sekunden gelang es ihm eine Portion Pasta mit Tomatensauce zu verspeisen. Nach den Regeln als Portion definiert sind 101 g Nudeln (Rohgewicht) und maximal 100 g Sauce.

NON-STOP-MEGA-PENNE

Im ersten Stock des Europacenters am Breitscheidplatz in Berlin (D) ist sie entstanden, die »**längste Röhrennudel der Welt**«. Zur Eröffnung des sechsten Vapiano-Restaurants in der Hauptstadt gingen Restaurantleiter Oliver Gerbich (D) und Operations Manager Florian Scheidt (D) selbst unter die Rekordjäger. Am 6. November 2014 wurde die 9 kg wiegende Nonstop-Mega-Penne ausschließlich aus Hartweizengrieß, Wasser und Salz mit der hauseigenen Pastamaschine hergestellt. Am Ende konnte eine offizielle Länge von 226,20 m festgestellt werden.

HOHER ZUCKER-GEHALT

Der SV Feldkirchen-Mitterharthausen (D) stellte bei seinem Sommerfest am 13. Juli 2013 die »**größte Zuckerwatte**« her. Die 5,45 m hohe und mit roter Lebensmittelfarbe eingefärbte Leckerei mit einem Durchmesser von 75 cm wurde an einem Kran hängend in eine Bodenhülse bugsiert, um sie freistehend der Öffentlichkeit zu präsentieren.

ERSTER WÜRFELZUCKER

Der **erste Würfelzucker** der Welt wurde im Jahr 1840 von Jacob Christoph Rad (A) entwickelt, dem Direktor der Datschitzer Zuckerraffinerie in Böhmen. Seine Frau Juliane Rad hatte sich beim Herausbrechen aus den vorher üblichen Zuckerhüten den Finger verletzt und bat ihren Mann, gleich kleinere Zucker-Portionen zu produzieren. Daraufhin entwickelte er eine Presse und stellte damit die ersten Würfelzucker her.

MAHLZEIT!

RIESEN-KRANZ
ZUM STADT-JUBILÄUM

Zum 300. Geburtstag der Stadt Karlsruhe (D), der 2015 mit einer Vielzahl an Veranstaltungen feierlich begangen wurde, gab es auch ein Riesennaschwerk, allerdings mit einem eher hessisch anmutenden Namen. Das Kaffeehaus Schmidt hatte sich für den 4. Juli 2016 vorgenommen, ein großes Backwerk zugunsten der Karlsruher Aids-Hilfe herzustellen. Am Krautkopfbrunnen auf dem Karlsruher Marktplatz wurden 91,5 einzelne Kuchenlängen á 80 cm zweispurig zur 73,2 m langen **»längsten Frankfurter-Kranz-Strecke«** der Welt zusammengesetzt und dann gegen Spenden an die anwesenden Zuschauer abgegeben. Insgesamt kamen dabei 2.605,43 EUR zugunsten der Karlsruher Aids-Hilfe zusammen.

MEGA-NASCHEREI

Im Rahmen der von SWR, SR und der Sparda-Bank initiierten Kinderhilfsaktion »Herzenssache«, backten 50 Bäckermeister der Bäcker-Innung Rhein-Mosel-Eifel (alle D) die mit 450 kg **»größte Nussecke«**, denn traditionell wird diese Rekordkategorie nach Gewicht bewertet. Das Riesennaschwerk mit den Abmessungen 5,57 m x 5,67 m x 9 m x 3,5 cm wurde am 17. Dezember 2010 am Deutschen Eck in Koblenz (D) präsentiert und gegen Spenden für »SWR Herzenssache« in kleinen Stücken verkauft.

UND PROST...

Nur 32,37 Sekunden benötigte TV-Reporter Benedikt Weber (D) in Chong's Diner in Nürnberg (D), um dort eine mit 396 g Aro-Ketchup gefüllte Glasflasche mit einem 6-mm-Strohhalm zu leeren, wie von Rekordrichter Olaf Kuchenbecker (D) geprüft und vor Ort als neuer Weltrekord für das **»schnellste Trinken einer Flasche Ketchup«** bestätigt. Gezeigt wurde dieses kulinarische Kunststück in der am 17. Februar 2012 ausgestrahlten Folge von »Galileo« (ProSieben, D).

SÜSSES FRÜHSTÜCK

Zur Feier des 40. Geburtstags von Nutella® lud Ferrero (I) zu einem Weltrekordversuch für das »**größte Frühstück der Welt**«. 27.854 hungrige Personen folgten am 29. Mai 2005 der Einladung und versammelten sich in der Arena AufSchalke in Gelsenkirchen (D), um dort ein gemeinsames Frühstück zu verspeisen.

CURRY-WURST OHNE ENDE

Eine 175,2 kg schwere und 320 m lange Currywurst – Schweinswurst mit Currypulver – wurde am 30. April 2010 vom Großkücheneinrichter MKN (D) in Wolfenbüttel (D) hergestellt.

PROST

KEHR EIN – SCHENK AUS

Seit 1658 ist die Gaststätte Röhrl in Eilsbrunn (D) in der Oberpfalz im Besitz der Familie Röhrl, und wird seitdem durchgängig von dieser als Gasthof bewirtschaftet – Weltrekord für das »**älteste dauerhaft betriebene Wirtshaus**«. Zu dieser Zeit, etwa zehn Jahre nach Ende des Dreißigjährigen Kriegs, heiratet ein Andreas Röhrl eine Susanna Hofmeister, die Tochter des damaligen Wirts, wodurch die beiden zum ersten dokumentierten Röhrl-Betreiberpaar wurden. Heute wird das denkmalgeschützte Haus in elfter Generation von Muk Röhrl (D) betrieben, der gemeinsam mit seiner Familie die Wirtshaus-Tradition weiterführt.

FÜR DEN GANZ GROSSEN DURST

Das »**größte Weizenbierglas**« fasst 105 l und wurde am 19. April 2008 von fünf Glasbläsern der Glashütte Oberglas in Bärnbach (A) mundgeblasen. Zum Test wurde es mit Weizenbier befüllt, welches an die bei der Erst-Präsentation anwesenden Besucher ausgeschenkt wurde.

VIEL HOCHPROZENTIGES

Fernab des Landes der Gin-Enthusiasten feiert man in Kufstein in Tirol (A) einen eher »britischen« Weltrekord. Denn mit hochprozentigen Tropfen von aktuell 524 bestätigten Produzenten aus aller Welt, besitzt die Speakeasy-Bar »Stollen 1930« seit November 2014 die umfangreichste Gin-Karte der Welt, hat also die »**meisten Ginsorten im Ausschank**«.

WEINRIESE

Die »**größte Weinflasche der Welt**« kommt aus der Schweiz und steht seit dem 20. Oktober 2014 im Showroom des Autohauses Vogels Offroads in Lyssach (CH). Der gläserne Riese ist 4,17 m hoch, hat einen Durchmesser von 1,21 m und enthält 3.094 l Wein – also ca. 172 Mal die Menge der größten handelsüblichen Weinflasche mit 18 l (Goliath).

GETRÄNK ODER MEDIZIN?

Die Erfolgsgeschichte des Gin geht übrigens hauptsächlich auf einen Arzt aus Hanau (D) zurück. Franz de le Boë alias Franciscus Sylvius entwickelte um das Jahr 1650 ein Tonikum auf Basis von Alkohol und Wacholder, das gegen Nierenbeschwerden helfen sollte. Boe nannte es Jenever, abgeleitet von dem holländischen Wort »jenerverbes« für Wacholder, und sein Getränk wurde schnell zur beliebten Medizin.

WEINFASS DER SUPER-LATIVE

Böttcher Michael Werner (D) aus Landau (D) stellte 1594 ein hölzernes Weinfass mit einem Fassungsvermögen von 144.000 l her. Es wird heute in Halberstadt (D) im Kellergewölbe des im Auftrag von Ernst Ludwig Christoph Spiegel zwischen 1763–1782 erbauten Jagdschlosses ausgestellt und ist das »**älteste erhaltene Weinfass**« der Welt.

NATUR & UMWELT

Auch die besten Freunde des Menschen haben ihren festen Platz in der Rekordwelt. Mit Geschick und Raffinesse bringen sie uns immer wieder zum Staunen. Rekordbrecher anderer Art bemühen sich mit spektakulären und teils internationalen Aktionen um mehr Aufmerksamkeit für den achtsamen und nachhaltigen Umgang mit unserer Umwelt.

TIERISCH, TIERISCH

SCHNELLE MÖPSE

Die »schnellsten Möpse« aus ganz Deutschland waren am Sonntag, dem 6. Juli 2014, mit ihren Dosenöffnern nach München-Riem (D) gekommen, um aus ihrer Mitte den oder die Schnellste(n) zu ermitteln. In drei Kategorien traten die Möpse gegeneinander an. Insgesamt bestand das Feld aus tierischen 170 Teilnehmern, wodurch sich die Veranstaltung den Weltrekord für das **»weltgrößte Mopsrennen«** sichern konnte.

FEINE NASE

Hund Ben, im Besitz von Claudia Neumann (D), stellte am 2. Juni 2012 in Magdeburg (D) in der Live-TV-Sendung »*Das Sommerfest der Abenteuer*« (ARD, D) mit 6 Banknoten den neuen Rekord für **»die meisten in einer Minute aus Geldbörsen entnommenen Geldscheine«** auf.

HILF MIR, GUSTL...

Terrier-Mix Gustl, im Besitz von Heidi Deml (D) aus Attenkirchen (D), erzielte ebendort am 19. Dezember 2012 den Weltrekord für die **»meisten in einer Minute von einem Hund gelösten Knoten«**. Dazu wurden Kindern des örtlichen Sportvereins die Hände mit einem einfachen Doppelknoten hinter dem Rücken zusammengebunden. Gustls Aufgabe war es, die Kinder wieder zu befreien. Mit 10 geöffneten Knoten setzte Gustl eine neue Weltrekordmarke.

DER RETTUNGS-»SEEHUND«

DLRG Hundeführer Hans-Joachim Brueckmann und sein Neufundländer »Jack the Black vom Mühlrad« (beide D) halten in der Wasserrettung einen Teamweltrekord: Nach Anweisungen seines Trainers benötigte Jack nur 1 Minute 36,812 Sekunden, um am 11. Juni 2013 beim Dreh für *»Wir holen den Rekord nach Deutschland«* (RTL2, D) in Kaarst (D) eine leblose Person aus dem Kaarster See zu holen. Weltrekord für die **»schnellste 25-m-Wasserrettung durch einen Hund«**.

SCHWEINE-DUNKING

Minischwein Moritz und Trainerin Nicolle Müller (D) von der Agentur »Eberkopf« haben am 5. November 2015 im Hotel MOA in Berlin (D) erfolgreich gezeigt, was die gelehrigen Tiere alles können. Für den Erstrekord der Disziplin **»meiste von einem Minischwein im Korb versenkte Basketbälle (1 Min.)«** musste Filmschwein Moritz in einer Minute sieben Bälle selbsttätig aufnehmen und im Korb platzieren. Moritz schäffte schnelle 19 Bälle!

NASENBÄR HAT DIE NASE VORN

Auf dem RID-Rekordtag im Holmes Place in Hamburg-Bahrenfeld (D) hatte Tiertrainerin Nicolle Müller (D) am 10. November 2014 einen Rekordjäger der besonderen Art mitgebracht: Nasenbärdame »Sunny« versenkte in nur einer Minute 11 Zwei-Euro-Münzen in einer Spardose. Die Vorgabe für diesen Erstrekord lag bei acht. Sunny hält also nun den Weltrekord für die **»meisten von einem Nasenbär in einer Spardose versenkten Münzen (1 Min.)«**.

GRÖSSTES ZOOFACH-GESCHÄFT

Das Norbert Zajac (D) gehörende Zoofachgeschäft »Zoo Zajac« in Duisburg (D) hat eine Verkaufsfläche von 8.070,26 m². 250.000 Tiere leben dort, mehr als im Zoo Berlin (D), und 1 Mio. Kunden besucht jährlich das Geschäft. Über 3.000 Tierarten hat Zoo Zajac im Sortiment, darunter Hamster, Katzen und Goldfische, aber auch Faultiere, Warane und Siebenschläfer.

UMWELTFREUNDE

TURMBAU IM REGENWALD

150 Kilometer nordöstlich von Manaus (BR), sammeln hoch über den Wipfeln der Urwaldbäume moderne Messgeräte seit dem 22. August 2015 täglich zahlreiche Daten über Treibhausgase, Aerosolpartikel, Wolkeneigenschaften u.a. Denn an diesem Tag ist ATTO in Betrieb genommen worden, das »Amazonian Tall Tower Observatory«. Dieser mit 325 m »**höchste Klima-Messturm der Welt**« ist ein deutsch-brasilianisches Gemeinschaftsprojekt, an dem von deutscher Seite das Max-Planck-Institut für Chemie, Mainz (D) und das Max-Planck-Institut für Biogeochemie, Jena (D), beteiligt sind.

BERLIN TÜT WAS

Am 20. September 2014 hatten die Stiftung Naturschutz Berlin (SNB), die Deutsche Umwelthilfe e. V. (DUH) und die Berliner Stadtreinigung (BSR) unter der Schirmherrschaft von Schauspieler Hannes Jaenicke (D) zum Rekordversuch geladen. 3.000 Besucher knoteten auf dem »Tempelhofer Park«, 30.000 gesammelte Kunststoff-Einwegtüten zur 9 km langen »**längste Plastiktüten-Kette**«, um gegen das ernsthafte Umweltproblem dieser Tüten aufmerksam zu machen.

WIR LIEBEN BÄUME

848 Personen umarmten am 13. Mai 2013 im Essener Grugapark Bäume – und erzielten damit einen Weltrekord. Vor Ort als prominente Unterstützer waren WWF-Waldmeisterin und Moderatorin Enie van de Meiklokjes (»*Sweet & Easy – Enie backt*«, sixx, D) und die ProSieben-Moderatoren Nela Panghy-Lee (»*taff*«) und Stefan Gödde (»*Galileo*«). Vornehmlich Schüler aus Essen und Umgebung ließen sich das Event nicht entgehen, mit dem ProSieben gemeinsam mit dem WWF zur fünften »Green Seven Week« aufgerufen hatte. Mit den Erlösen des »Hug a Tree«-Weltrekords – also der **»größten Baumumarmung«** – unterstützen ProSieben, der WWF und TVdirekt eines der größten Naturschutzprojekte Deutschlands: Im Biosphärenreservat Mittlere Elbe sollen auf mehreren Hektar neue Auwälder wachsen.

UND WELTWEIT...

Die Ecuadorianer setzten ein nachhaltiges Zeichen gegen die zerstörerische Rodung des Regenwaldes. Am 16. Mai 2015 pflanzten sie an nur einem Tag 647.250 Setzlinge verschiedener Baumarten. An der landesweiten Aktion waren etwa 45.000 Menschen beteiligt. Und der Einsatz hat sich gelohnt: Die Aktion erzielte den Weltrekord für die **»meisten verschiedenen an einem Tag gepflanzten Baumsorten«**.

MÜLL TRENNEN TUT NOT

Eine ungewöhnliche Werbekampagne startete am 18. September 2010 mit einem Weltrekord: Zum Auftakt der Aufklärungskampagne »Trenntstadt-Berlin« bauten 150 Helfer auf dem Rollfeld des ehemaligen Flughafens Tempelhof in Berlin (D) auf einer Fläche von 2.464 m² das **»weltweit größte Mülltonnen-Mosaik«** aus 6.401 bunten Mülltonnen, das als Motiv ein Eisbär-Junges zeigt.

RIESENPFLANZEN

MEHR ALS EINE TONNE KÜRBIS

Seit Jahren machen es US-amerikanische Züchter vor und holen reihenweise Weltrekorde mit ihren gigantischen Riesengewächsen. Besonders in der »Königsdisziplin«, den Kürbissen, waren sie bislang führend. Doch bei einer Kürbisausstellung im Blühenden Barock – den Gartenanlagen des Residenzschlosses in Ludwigsburg (D) – gelang Beni Meier (CH) am 12. Oktober 2014 mit seinem dritten Kürbis der Saison die doppelte Sensation: Nach Wiegewettbewerben in Klaistow (Brandenburg, D, 951 kg) und Jona (St. Gallen, CH, 953,5 kg) holte Beni Meier mit dem Sieg bei der Europameisterschaft in Ludwigsburg (D, 1.054 kg) nicht nur den Weltrekord-Hattrick in der Kategorie **»größter Kürbis der Welt«**. Er züchtete auch den allerersten Kürbis, der die magische Grenze von einer Tonne Gewicht überschritten hat, und wird nach Aussagen der Veranstalter damit »für immer in die Geschichtsbücher des Kürbiswiegens eingehen«.

HALLOWEEN-KÜRBIS-GEIST

Ray Villafane (USA) gab dem weltgrößten Kürbis zum 27. Oktober 2014 mit Schnitzmesser und Fantasie ein Gesicht, und verwandelte ihn auf der Kürbisausstellung in Ludwigsburg (D) in den **»weltgrößten Kürbis-Geist«**.

1.054.000 g

DIE LEICHENBLUME

Damit die Titanwurz genug Energie zur Bildung einer Blüte aufbringen kann, muss die Knolle ein Gewicht von mindestens 20 kg erreichen. Den Weltrekord von 117 kg für die »schwerste Titanwurz-Knolle« hält die Pflanze, die 2003 im Botanischen Garten Bonn (D) blühte.

Der Deutschland-Rekord für die »höchste Titanwurz-Blüte« liegt bei einem Blütenstand von 3,06 m, gemessen am 23. Mai 2003, ebenfalls in Bonn (D).

917 cm

DER GRÜNE DAUMEN

Seit Hans-Peter Schiffer 2009 den Weltrekord für die »größte Sonnen-blume« mit über acht Metern zum ersten Mal ins nordrhein-westfälische Kaarst geholt hatte, waren andere Hobbyzüchter chancenlos. Bereits im Jahr 2013 hat Schiffer die Weltrekordmarke auf sensa-tionelle 8,75 m hochschrauben können. Am 28. August 2014 sicherte sich der Flugbegleiter der deutschen Lufthansa dann zum vierten Mal den Titel. Die rekordverdächtige Sonnenblu-me wurde mithilfe der örtlichen Feuer-wehr vermessen, die einen Leiterwa-gen zur Verfügung gestellt hatte. Das Ergebnis: auf 9,17 m – ebenso hoch wie ein dreistöckiges Haus – verbesserte Schiffers Pflanze den Weltrekord.

KUNST & UNTERHALTUNG

Ob Stars aus Film und Fernsehen, Comedians, Schriftsteller, Musiker, bildende Künstler – sie alle vereint der Wunsch nach Aufmerksamkeit und Popularität. Und was liegt näher, als zu versuchen, mit seinen Fähigkeiten in die Rekordlisten zu kommen und so ein kleines Stück ewigen Ruhms zu erhaschen.

PUBLIKUMSLIEBLINGE

CANTZ HOCH HINAUS

Unverhofft wurden am 5. September 2013 die Passagiere des Condor-Fluges von Frankfurt am Main (D) nach Split (HR) Teil eines ungewöhnlichen Weltrekordversuchs: Buchautor und Moderator Guido Cantz (D) griff zum Bordmikrofon und unterhielt die Gäste mit einer 30-minütigen Lesung aus seinem aktuellen Buch »Cantz schön clever«. Mit dieser Lesung in 37.000 Fuß Höhe (11.277 m) bot er nicht nur beste Unterhaltung, sondern stellte gemeinsam mit der Kampagne »Vorsicht Buch!« und Condor einen neuen Weltrekord auf, für die »höchste Autorenlesung«.

ALIENS IN BERLIN

Bei der Deutschlandpremiere von »Men in Black™ 3« (USA, 2012) am 14. Mai 2012 in der O2 World in Berlin (D) sahen 6.819 Zuschauer den Actionfilm auf einer 362 m² großen 3-D-Leinwand, die extra für das Ereignis installiert worden war – das »größte Publikum bei einer 3-D-Filmpremiere«. Organisiert wurde das Spektakel von Sony Pictures und O2. Will Smith, Josh Brolin, Nicole Scherzinger und Regisseur Barry Sonnenfeld (alle USA) benötigten mehr als eine Stunde, um vor dem Film den roten Teppich abzuschreiten, zahlreiche Autogramme zu geben und Fotowünsche der Fans zu erfüllen.

SCHLAFLOS BEIM RUNDFUNK

Deutschlands bekanntester Skandal-Rapper ist normalerweise wortkarg, wenn es um Persönliches geht. Beim Radiosender 98.8 KISS FM Berlin (D) hatte Bushido (bürgerlich Anis Mohamed Youssef Ferchichi, D, links) allerdings jede Menge zu erzählen, als er dort vom 24. bis 25. September 2015 mit seinem Weltrekord für das »längste Interview der Welt« erfolgreich war. Bushido stellte sich 32 Stunden lang nonstop den Fragen, die Moderator Tolga Akar (D) zu Bushidos Leben, seiner Vergangenheit, zu Freunden, Feinden, Drogen- und Gewalt-Vorwürfen hatte. Auch Hörer waren aufgefordert, ihre Fragen einzuschicken, um auch diese beim Interview klären zu können. Die eigentliche Sensation beim Rekordinterview war allerdings der Anruf von Bushidos Intimfeind Kay One (bürgerlich Kenneth Glöckler, D), der damit endete, dass sich die beiden aufs Übelste beschimpften. Zu hören war das Interview über die vollen 32 Stunden im Live-Stream.

DELMENHORST KANN WITZIG

Am 5. November 2015 holte sich Comedian Markus Weise (D) in der Divarena in Delmenhost (D) den Weltrekord für die »meisten in einer Minute erzählten Witze«. Angefeuert und unterstützt vom Delmenhorster Publikum, hämmerte er 33 spektakuläre, aber zugegebenermaßen kurze Witze von der Bühne.

KENNSTE? KENNSTE!

Am Pfingstwochenende 2014, dem 7./8. Juni 2014, gastierte Mario Barth mit seinem Programm »*Männer sind schuld, sagen die Frauen*« zwei Tage im aus-verkauften Olympiastadion Berlin (D). Dort stellte er gemeinsam mit insgesamt 116.498 anwesenden Fans einen neuen Zuschauer-Weltrekord für das »**größte Publikum eines Comedians in 24 Stunden**« auf. Das Besondere: Jeder Zuschauer erhielt noch vor Ort eine eigene Weltrekord-Urkunde mit seinem Namen.

Der erfolgsverwöhnte Komiker ist seit dem 12. Juli 2008 Rekordhalter, als er, ebenfalls im Olympiastadion Berlin (siehe unten), vor 67.733 Fans den nach wie vor gülti-gen »**Publikumsrekord für einen Auftritt**« absolvierte.

SYMPATHIETRÄGER

PANNEN OHNE ENDE

Am 3. September 2009 strahlte Super-RTL (D) eine 5 Stunden 1 Minute 35 Sekunden lange Folge von »Upps! – Die Pannenshow« aus: Weltrekord! Die Rekordurkunde bekam Moderator Dennie Klose (D) direkt im Anschluss an die Sendung von Rekordrichter Olaf Kuchenbecker (D) überreicht.

BUSSIS VOM FLORI

Am 29. Januar 2011 schaffte es Showmaster Florian Silbereisen (D), sich in der Live-TV-Show »Das Winterfest der Volksmusik« (ARD, D) mit 117 den Weltrekord für die »meisten Küsse in einer Minute« zurückzuerobern, den er 2008 als Erster in der Minutenkategorie aufgestellt hatte.

SOAPSTAR HOLT KUSSREKORD

Am 1. September 2015 war Soapstar Jo Weil (D) auf dem Heumarkt in Köln (D) angetreten, um sich einen Weltrekord im Schnellküssen zu sichern. Jo trat in der 30-Sekunden-Disziplin an. Und Jo schaffte es, 63 Frauen regelgerecht zu küssen und erzielte damit den Weltrekord für die »meisten in 30 Sekunden gegebenen Küsse«.

GLÜCKWUNSCH, GOTTSCHALK

Zwischen 1990 und 2014 war Thomas Gottschalk (D) bei jeder Werbung des Süßwarenherstellers Haribo (D) und seiner Produkte dabei – Weltrekord für die **»längste Werbepartnerschaft für eine Marke«**. In den 24 Jahren seit Vertragsschluss war Gottschalk in 260 Fernsehspots und 140 Radiospots für das Unternehmen und seine Produkte vertreten, und sogar auf der Couch bei »Wetten, dass..?« (ZDF, D) wurden jahrelang Goldbären als Snack gereicht.

BARFUSS ÜBER HEISSE HERDPLATTEN

Showmaster Florian Silbereisen (D) ist immer wieder als Weltrekordjäger erfolgreich: In seiner TV-Show »Herbstfest der Abenteuer« (ARD, D) am 15. Oktober 2011 live aus Chemnitz (D) ging er 25 m weit über heiße Herdplatten – Weltrekord in der Kategorie **»längste Barfuß-Strecke auf heißen Herdplatten«**.

DRUCKSACHEN

LESERATTEN-PUBLIKUM

Bei einer vom Leserattenservice (D) auf der Festung Ehrenbreitstein in Koblenz (D) am 12. Juni 2012 organisierten »größten Autorenlesung der Welt« performte Kinder- und Jugendbuchautor Stefan Gemmel (D) »Alasgus«, eine eigens für den Rekordversuch geschriebene und als Buch veröffentlichte Geschichte.

IN 80 LESUNGEN DURCH GANZ DEUTSCHLAND

In 16 Tagen mindestens 80 Autorenlesungen: Um diese Aufgabe zu erfüllen, war Autor Stefan Gemmel (D) vom 14. – 27. September 2015 mit dem Buch »Im Zeichen der Zauberkugel« auf Lesereise in Deutschland. Dabei sicherte er sich mit einer Zeit von 13 Tagen 10 Stunden 7 Minuten 34 Sekunden für 82 Lesungen den Weltrekord für die »schnellste Autoren-Lesereise durch ganz Deutschland«.

DOPPELT HÄLT BESSER...

Aufgrund des großen Publikumsinteresses musste der Rekordversuch von Stefan Gemmel (D) in zwei Lesungen aufgeteilt werden. Schon die erste Lesung war mit 5.374 Zuhörern als neuer Weltrekord erfolgreich; und wurde gleich überboten von der zweiten mit 5.406 zuhörenden Personen.

EINE ZEITUNG VON GROSSEM FORMAT

Die in Bezug auf das Format **»größte Ausgabe einer Tageszeitung«** wurde von der Axel Springer AG in Berlin (D) produziert, womit sie den Weltrekord ergatterte. Die am 27. August 2011 erschienene Ausgabe der BILD hatte auseinandergefaltet ein Format von 80 cm x 57,5 cm, was acht DIN-A4-Seiten entspricht.

SATZ FÜR SATZ

An der **»größten Lesestaffel an einem Veranstaltungsort«** nahmen am 16. März 2012 auf der Buchmesse in Leipzig (D) 2.012 Personen teil. Organisiert wurde der erfolgreiche Rekordversuch von der digitalen Bibliothek Skoobe und ihrem Kooperationspartner Gravis (beide D). Laut vorgelesen wurde vom selben iPad nacheinander je ein Satz aus dem eBook *Eragon – Das Erbe der Macht«*.

KATALOG IN ÜBERGRÖSSE

Der **»größte Modekatalog«**, enthüllt am 30. August 2003 in Hamburg (D), hatte 212 Seiten und war 1,2 m x 1,5 m groß. Er war eine Nachbildung des Bon-Prix-S2-Katalogs *Voilà!*.

LAUT

KLEINE ROCKER GANZ GROSS

Die US-Band »Mini Rockerz« alias »Minikiss« fragte, ob sie sich als »**kleinste Band der Welt**« bezeichnen dürfe – schließlich betrüge die Körpergröße der Musiker im Durchschnitt nur 132,87 cm! Am 24. Mai 2007 konnte sich Rekordrichter Olaf Kuchenbecker (D) vor der TV-Aufzeichnung für ein Musikprogramm in der TUI Arena in Hannover (D) mithilfe eines Zollstocks von der Größe der jeweiligen Musiker überzeugen – und den Weltrekord der Band bestätigen.

ALLE REGLER AUF ZEHN

Auf dem Festival »Rock In LE« in der Filderhalle in Leinfelden (D) gab es eine gemeinsame Darbietung von 242 Gitarristen. Zusammen spielten sie am 5. April 2014 gemeinsam »Smoke On The Water« von Deep Purple und »Welcome To Europe« der deutschen Rockband »Gallery« – neuer »**Gitarren-Band-Weltrekord (Indoor-Kategorie)**«.

NONSTOP-CLUB-DJ-MARATHON

Der »**längste Club-DJ-Marathon**« lag bei 150 Stunden, als DJ Rene Brunner (A, links) vom 2.–8. Oktober 2011 im Yost Theater in Santa Ana, Kalifornien (USA), nonstop aufgelegt hatte. Doch wer sich derzeit an den Weltrekord wagen will, muss sich an Down Under messen: vom 16.–23. Dezember 2012 schraubte Smokin' Joe Mekhael (AUS) im Empire Hotel in Sydney (AUS) die Rekordmarke auf 168 Stunden. Rene Brunner ist aber weiterhin Europarekordhalter.

TIEFTÖNERTECHNIK

Das Metal-Quartett »Way To Bodhi« aus Stuttgart (D) spielt in Frequenzbereichen, in die sonst nur speziell dafür gebaute Orgeln hinabreichen. Sie stimmen ihre Gitarren eine Oktave tiefer und ließen dafür einen speziellen E-Bass entwickeln. Mit extralanger 40-Zoll-Mensur (schwingende Saitenlänge) und eigens dafür entwickelten Saiten ist diese Bassgitarre in der Lage, als tiefsten Ton ein H zu spielen, das eine Oktave unter der üblichen 5-Saiter-Bassstimmung liegt, und zwar bei 15,22 Hz. Vom physikalischen Institut der Universität Stuttgart am 6. Mai 2015 bestätigt, sind sie offiziell die **»am tiefsten spielende Band«**.

KONZERT … TAXI … KONZERT … TAXI …

Vom 21. August 2010, 16 Uhr, bis zum 22. August 2010, 4 Uhr, spielte die Kölner Band »Weltrekorder« 35 15-minütige Konzerte in 35 Liveclubs und Musikkneipen in Köln (D). Damit hat das Quartett den Weltrekord für die **»meisten in 12 Stunden gespielten Konzerte«** nach Köln geholt. Aufgrund der logistischen Schwierigkeiten, die diese Weltrekordkategorie kennzeichnet, dürfte »Weltrekorder« ein »Rekord für die Ewigkeit« gelungen sein.

MÜNCHEN GOES GOSPEL

Mit Sängern aus Deutschland, Österreich und der Schweiz hat das Team um den Nigerianer Mano Ezoh den aktuell **»größten Gospelchor Europas«** auf die Bühne gebracht. Offiziell bestätigt waren am Samstag, dem 24. Oktober 2015, in der kleinen Olympiahalle in München (D) exakt 1.690 Sängerinnen und Sänger am Gospelspektakel beteiligt und sangen gemeinsam »In Time«, das von Mano Ezoh eigens für den Rekordversuch geschrieben worden war.

LAUTER

DIE POSAUNEN VON LEIPZIG

Beim Abschlussgottesdienst des Deutschen Evangelischen Posaunentags kamen am 1. Juni 2008 im Zentralstadion in Leipzig (D) 15.761 Blechbläser zusammen, um gemeinsam ein Konzertprogramm vorzutragen.

ALPHÖRNER MIT AUSSICHT

Das »größte Alphorn-Orchester« kam am 17. August 2013 auf dem Gornergrat in der Nähe von Zermatt (CH) auf 3.089 m ü. NN zusammen: 508 Alphornbläser spielten vor einer Kulisse mit Matterhorn und weiteren Viertausendern gemeinsam ein eigens für den Rekordversuch komponiertes Werk.

REKORD-ALPHORN AUS EINEM STÜCK

Das »längste Alphorn aus einem Stück« kommt aus dem Schwä-
bischen. Das 26,46 m lange, sogenannte »Corno vivo Oli« wurde
aus einem Stamm Douglasie geschnitzt und wiegt 92,50 kg.
Es wurde von den Rottumtaler Alphornbläsern
(D) hergestellt und am 16. September
2012 in Bellamont (D) der Öffentlichkeit präsentiert.

NACH DER SAISON ZUR KUR

Das Kurorchester Bad Kissingen (D) erzielte
mit 727 die weltweit »meisten Auftritte
in einem Jahr«. Diese fanden in und um
Bad Kissingen statt, und zwar zwischen
dem 1. Juni 2010 und dem 31. Mai 2011.

HUPEN IM TAKT

Am 12. Juni 2011 intonierten
in Ebersgrün (D) 212 Fahrzeuge des Trabant Club
Pausa e.V. (D) das »größte
Hupkonzert«, bei dem
melodisch »Alle meine
Entchen« gehupt wurde.

RAP-GEMEINSCHAFT

Der »größte Rap« erklang
am 23. Juni 2010 in Erfurt
(D). Beim ZGT-Schülerfestival
»mega-ROCK in die Ferien«
rappten 7.519 Fans gemeinsam mit dem deutschen
Rapper Doppel-U (Christian
Weirich) vier Minuten lang.

LAUT WIE EIN FLUGZEUG

Rainer Bothe (D) heißt der erste
Weltrekordhalter im Alphorn-Lautblasen.
Beim Streetlife Festival in München (D)
am 9. September 2012 blies er einen Ton
mit einer Lautstärke von 111,1 dB und
übertönte damit das mit 183 üppig
bestückte Teilnehmerfeld.

MOSAIKE

EINSTEIN AUS BROT

Mit 28 Helfern der Freiwilligen Feuerwehren aus Garching, Hochbrück und Gernlinden (alle D) legte TV-Reporter Jumbo Schreiner (D) in der am 6. November 2011 ausgestrahlten Folge von »Galileo« (ProSieben, D) das 10,35 m breite und 14,52 m lange, also mit 150,28 m² **»größte Toastmosaik Deutschlands«**. Als Motiv wurde das bekannte Porträt von Albert Einstein gezeigt, auf dem er die Zunge herausstreckt.

CHICAGO ON FIRE

Am 4. April 2015 gab es in Vaterstetten bei München (D) einen ungewöhnlich feurigen und erfolgreichen Weltrekordversuch zur 3. Staffel der TV-Serie »Chicago Fire«, die am 8. April 2015 auf dem Pay-TV-Sender »Universal Channel« angelaufen ist. Auf einer Fläche von 4.900 m² waren insgesamt 5.480 brennende Fackeln so angeordnet, dass sie gemeinsam ein Bild erzeugten: Abgebildet war das Porträt von Serienheld Kelly Severide, der von US-Schauspieler Taylor Kinney verkörpert wird. 30 Minuten dauerte es, bis alle Fackeln komplett angezündet waren. Dann erst erstrahlte das Bild in Gänze und der neue Weltrekord für das **»größte Feuerbild aus Fackeln«** war perfekt.

METHUSA-LEM-MOSAIK

Die bisher älteste von Menschen als Mosaik gelegte Fläche stammt vom *Homo erectus bilzingslebenensis* am Fundplatz Bilzingsleben im Norden Thüringens (D). Unser Ur-Vorfahr hat dort teilweise ortsfremde Steine und Knochen in den Boden eines fast kreisrunden Platzes von etwa 9 m Durchmesser gelegt und eingedrückt. Das Alter dieses pflasterartigen Bereiches wird mit ca. 400.000 Jahren angegeben.

DIE MENSCHLICHE EIS-WAFFEL

In der am 28. Juli 2013 ausgestrahlten »*Die große ›Abenteuer Leben‹-Weltrekord-Show*« (Kabel eins, D) war das Team von »*Abenteuer Leben*« erfolgreich beim Aufstellen von acht Weltrekorden an einem Tag. Unter anderem gab es das **»größte menschliche Eiswaffel-Bild«**, das von 421 Personen am Strand von St. Peter-Ording (D) gebildet wurde.

SCHOGGI ZUM TAG DER LIEBE

Am 14. Februar 2011 stellte MySwissChocolate.ch auf dem Flughafen Zürich (CH) ein 18,35 m² großes aus 1.500 Tafeln bestehendes Schokoladen-Mosaik aus – das **»größte Schokoladen-Mosaik«** weltweit.

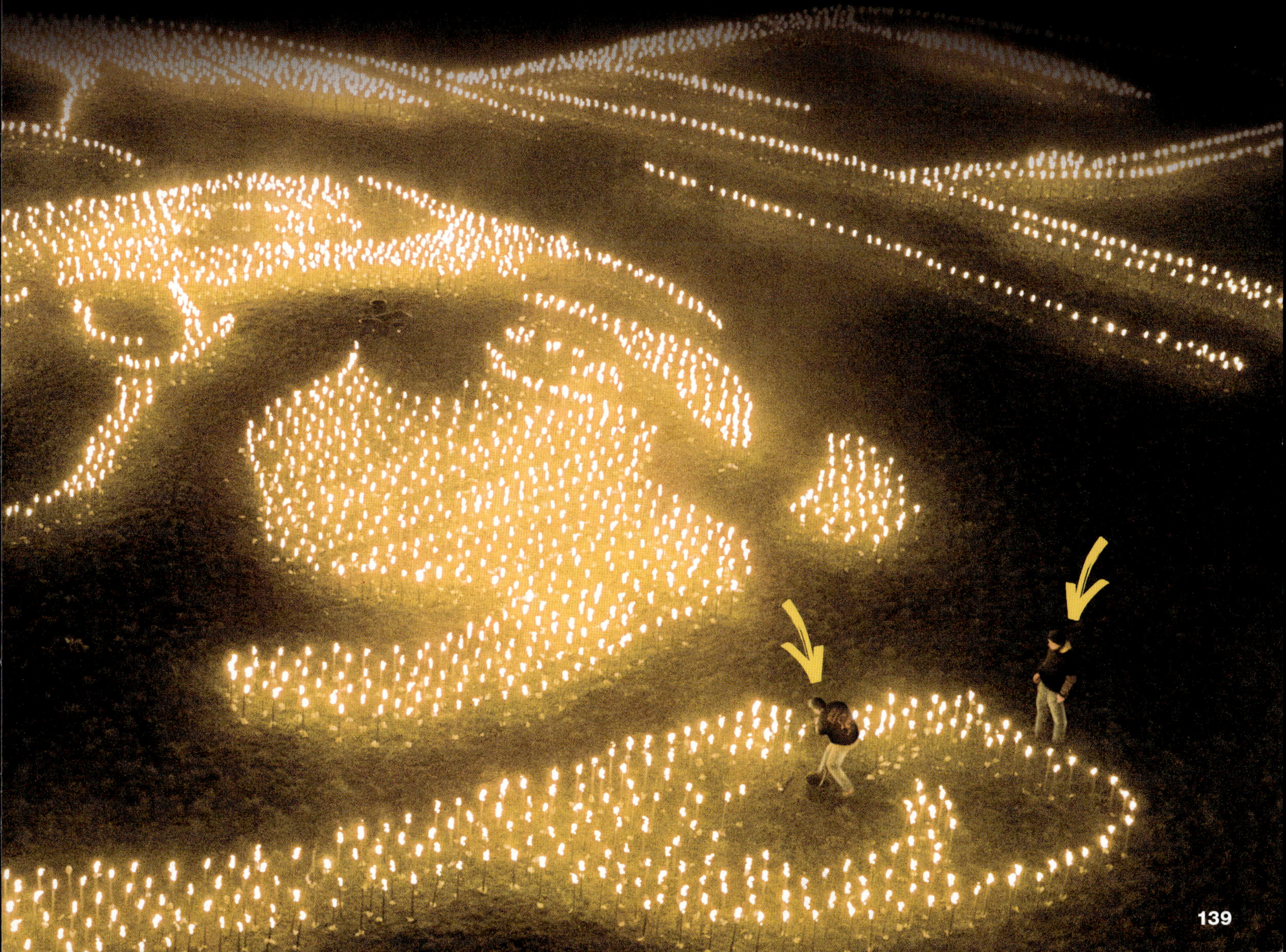

INSTALLATIONEN

EIN STADION VOLLER BILDER

Vom damaligen Bundesverkehrsminister Wolfgang Tiefensee (D) wurde 2008 ein Malwettbewerb zum Thema Straßenverkehr initiiert, der sensationelle 122.942 Einsendungen nach sich zog. Am 3. Juni 2008 wurden dann die eingesandten Bilder als rekordverdächtige 37 km lange Schlange im traditionsreichen Berliner Olympiastadion präsentiert und bedeckten 75.000 Sitzplätze – Rekord für die »längste Bilderschlange der Welt«.

WELTREKORD FÜR DEN WELTFRIEDEN

Als aufsehenerregendes Zeichen für den Frieden war es konzipiert, das »Lichtdorf«, das der aus Düsseldorf stammende Künstler R.O. Schabbach (D) in seiner Wahlheimat Hundheim (D) im Hunsrück am 4. September 2015 illuminierte. 115 Hausfassaden wurden mit ebenso vielen Originalen des Künstlers angestrahlt und bunt erleuchtet. Sie bildeten so mithilfe von umgebauten Diaprojektoren eine gewaltige Lichtinstallation, die das Erscheinungsbild des Ortes mit Einbruch der Dunkelheit spektakulär veränderte – neuer Weltrekord für die »meisten in einem Event mit Original-Bildern illuminierten Gebäude«.

KILOMETERLANGES ENDLOSGEMÄLDE

Der Europarekord für das »**längste Gemälde eines Einzelkünstlers**« beträgt 2.008 m und wurde von Thommes Nentwig (D) geschaffen. Das Bild wurde am 10. Juli 2008 in Vechta (D) vollendet, öffentlich präsentiert und vermessen, bevor es in handlichen Teilen von je 1 m x 1,6 m zugunsten des Vereins »Kunst hilft Jugend« verkauft wurde.

5.000 PFLASTERMALER

Das »**längste auf eine Straße gemalte Kreide-Pflasterbild**« wurde am 5. Juni 2009 in Jena (D) gestaltet. Mehr als 5.000 Jenaer Schüler und Studenten brachten auf der Statdrodaer Straße ein 5.600 m langes und 2 m breites Kreidebild auf den Straßenbelag, in dem ausschließlich mathematische und geometrische Formeln und Regeln illustriert wurden. Initiiert wurde der Rekord vom Förderverein der Alfred-Brehm-Schule, umgesetzt von Uwe Förster (D) und dem Sozialunternehmen G. Heckel.

LANG UND BUNT

Der Kurort Bad Bertrich (D) wirkte am 9. und 10. Oktober 2015 wie verzaubert: Auf einer Länge von 1,502 km strahlten umgebaute Diaprojektoren quietschbunte Illustrationen an die Hauswände, die so zu einem lückenlosen Gesamtkunstwerk verschmolzen. Diese außergewöhnliche Kunstaktion von R.O. Schabbach (D) brachte den Weltrekord für die »**längste mit Bildern illuminierte, ununterbrochene Gebäudestrecke**«.

CHLUSS

KURZ VOR SCHLUSS

Die weltweite Konkurrenz sorgt fast täglich für neue Rekordversuche.
So erreichen die RID-Rekordrichter auch kurz vor Redaktionsschluss immer wieder
neue Anträge zur Anerkennung eines Weltrekords. Hier einige »Last-Minute-Rekorde«
und zusätzlich die schönsten Rekordversuche, die leider nichts geworden sind.

VIEL HARMONIE ...

... UND VIEL »MUSIC«

Initiator Jens Illemann (D), Gymnasiallehrer für Musik, und der renommierte Musiker, Dirigent und Klassik-ECHO-Preisträger Wolf Kerschek (D, links) hatten gerufen, und 7.485 Musikerinnen und Musiker kamen. Am 10. Juli 2016 machten sich die Musikbegeisterten in der Commerzbank-Arena Frankfurt (D) daran, den Weltrekord für das **»größte Orchester«** von Australien nach Deutschland zu holen. Mit weltbekannten Klangbildern aus Dvořáks 9. Sinfonie, Beethovens 9. Sinfonie, aus dem Musical »Starlight Express« und dem Song »Music was my first love« von John Miles (GB) schafften sie es nicht nur, das anwesende Publikum zu begeistern, sondern auch den alten Rekord von »nur« 7.224 Musikerinnen und Musikern deutlich zu überbieten. Die Freude darüber war riesengroß, und so konnten die frischgebackenen Rekordhalter und die Zuschauer beim Abschlusskonzert den Abend mit den bekannten Stars Daniel Wirtz (D), Angelo Kelly (IR), Franco Leon (D) und Headliner Johannes Oerding (D) und der Neuen Philharmonie Frankfurt glücklich ausklingen lassen.

IN LETZTER MINUTE

IN 90 TAGEN UM DIE WELT

Der »Allianz World Run« ist eine unternehmens-
interne Mitarbeiterinitiative, bei der weltweit
12.360 Angestellte der Allianz Gruppe über
einen Zeitraum von 90 Tagen ihre Laufak-
tivitäten aufgezeichnet und zusammenge-
rechnet hatten. Vom 2.Mai bis zum 30. Juli 2016
legten sie dabei insgesamt 1.381.178 km zurück,
womit sie den Weltrekord für die »längste im
Team gelaufene Distanz in 90 Tagen« aufstellten. Es beteiligten sich Allianz-Mitarbeiter aus
über 50 Ländern, von denen im Durchschnitt
jeder Läufer insgesamt 111,75 km zurücklegte.

KOPFÜBER IN DEN SCHLUND

Am 7. Juli 2016 steckte sich Franz Huber in seinem Garten in Garching (D) 5 Schwerter in den Schlund, während er kopfüber in einem Gestell hing. So erzielte er den Weltrekord für die **»meisten kopfüber aufgehängt geschluckten Schwerter«**.

BAD KISSINGEN TANZT MACARENA

Das Rakoczy-Fest in Bad Kissingen (D) setzt die ganze Stadt in Bewegung. Was liegt also näher, als einen Massenweltrekord im Macarenatanzen auf die Agenda zu setzen? Am 31. Juli 2016 von der Mediengruppe Oberfranken, der Saale Zeitung und Radio Primaton organisiert, kamen 2.282 Tanzfreudige auf die Medienwiese auf dem Rakoczy-Fest und ließen nach dem Lied der Gruppe Los del Rio Arme und Hände kreisen, um sie dann an ihre Hüften zu legen. Weltrekord für den **»größten Macarena-Tanz«**.

TRAUMHAFTE ZAUBER-SHOW

Mit der Abschlussvorstellung ihrer Tournee »Magie – Träume erleben« am 11. Juni 2016, füllten die aus Herford (D) stammenden Zauberkünstler Andreas und Chris Ehrlich (beide D) ein Fußballstadion. 38.503 zahlende Zuschauer wollten sich von den Ehrlich Brothers verzaubern lassen und kamen in die Commerzbank-Arena in Frankfurt (D) – Weltrekord für die **»größte Zaubershow der Welt«**. in der u.a. Schuhe in einen Eisblock und Schwiegermütter weggezaubert wurden.

EINHANDSPRÜNGE EXTREM

Wie man Basketball und Breakdance zu Breakball verbindet, demonstrierte Caino Nericman (D) vom Spalding Breakball-Team am 23. Juli 2016 auf dem Gelände des Schlachthof Kulturzentrums in Bremen (D). Er meisterte im Handstand 37 Hopser auf einer Hand, während er einen Basketball hielt und holte sich so den Weltrekord für die **»meisten Einhandsprünge mit in der anderen Hand gehaltenem Basketball«**.

FEHLVERSUCHE

SCHADE

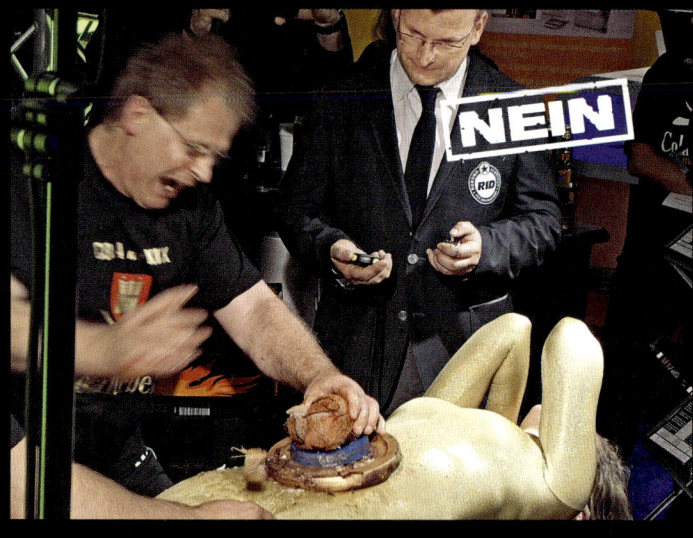

NEIN

HART. HÄRTER. AHMED TAFZI

Bei »*Galileo – die Woche der Extreme*« (ProSieben, D) am 14. August 2015 begrüßte Moderator Aiman Abdallah (D) »Kopfarbeiter« Ahmed Tafzi (DZ) aus Bernburg an der Saale (D). Ahmed war nach München gekommen, um sich dort den Weltrekord für die **»meisten in mit dem Kopf geöffneten Kronkorken (1 Min.)«** zurückzuerobern, der bei sensationellen 61 Flaschen steht. Doch mehrere Flaschen ließen sich nicht gleich beim ersten Schlag öffnen, wodurch Ahmed zu viel Zeit verlor.

SCHIFFBRUCH BEI KOKOSNUSSBRUCH

Muhamed Kahrimanovic (BIH) und Tochter Melisa wollten auf der Barzone in Köln (D) am 26. Mai 2014 Rekordgeschichte schreiben. Muhameds Aufgabe: Kokosnüsse mit bloßen Händen zerschlagen – auf dem Bauch seiner Tochter. Diese lag dabei nur mit den Schulterblättern und den Kniekehlen auf zwei Hockern. Mindestens 20 Nüsse in einer Minute waren gefordert, doch diese Marke erwies sich als zu ambitioniert für das Vater-Tochter-Team. Mehr als 18 Kokos-nüsse waren dieses Mal nicht drin.

SCHADE

GUSTLS BEDÜRFNIS

Bei der TV-Show »*Immer wieder sonntags*« (ARD, D) gehört das Brechen von Rekorden mittlerweile zum guten Ton. So auch am 9. August 2015, als Terrier-Mix Gustl, begleitet von Frauchen Heidi Deml, zu Gast war, um sein Talent zu zeigen. Gustl war nach Rust gekommen, um sich den Erstrekord für die **»meisten in 90 Sekunden von einem Hund gelösten Knoten«** zu sichern, für den er 12 Knoten lösen musste. Die Knoten befanden sich an Seilstücken, die hinter dem Rücken um die Handgelenke von 15 Künstlern aus der Show gebunden wurden. Doch gelang es Gustl an diesem sommerlichen Sonntag nicht, die Vorgabe für den 90-Sekunden-Rekord zu erfüllen.

FRUST IN RUST

Zum Saisonauftakt von »*Immer wieder sonntags*« (ARD, D) am 31. Mai 2015, die von Showmaster Stefan Mross (D) im Europapark moderiert und mit vielen Gästen live aus dem Park gesendet wird, wollte sich Student Philipp Preiss (D) den Weltrekord im Dosenklettern holen. Für die Disziplin **»meiste auf allen Vieren bestiegene Getränkedosen (3 Min.)«** musste er sich innerhalb der Zeit mit allen Extremitäten auf 20 Dosen mit je 0,33 l Inhalt stellen, die zu vier Türmchen angeordnet wurden. Als er es fast geschafft hatte und sicher auf 19 Dosen stand, geriet einer der Türme ins Wanken und fiel in sich zusammen.

FAST

KNAPP

TOAST-TAUBEN-SCHIESSEN

Bei der TV-Show »*Wetten, dass..?*« (ZDF, D), am 5. April 2014 live aus Offenburg (D) gesendet, verfehlte Bogenschütze Peter Dubberstein (D) aus Hamburg (D) vor knapp 7 Mio. Zuschauern den Weltrekord. Hierzu hätte er aus einer Entfernung von 8 m mit Pfeil und Bogen in zwei Minuten drei Scheiben Toast in der Luft durchschießen müssen, die aus modifizierten Toastern in die Höhe geschleudert wurden.

FEHLVERSUCHE

DOMINO-DESASTER

Ein Weltrekord sollte am 4. Januar 2014 bei »30 Jahre RTL« (RTL, D) überboten werden. »Mr. Domino« Robin Weijeers und sein Team wollten mithilfe der prominenten Gäste der Show die »**längste Domino-Umfall-Kettenreaktion**« initiieren, wobei 35 Minuten 22 Sekunden zu schlagen waren. Doch dies erwies sich als zu ambitioniert für das aktuelle Domino-Team. Mehr als 20 Minuten einer ununterbrochenen Kettenreaktion waren dieses Mal leider nicht zu holen.

KOMIKER VERSUCHEN REKORD IM AUTOGRAMME SCHREIBEN

Die Komiker Kaya Yanar und Paul Panzer (beide D) versuchten sich am 7. November 2014 in der TV-Show »Geht's noch - Kayas Woche« (RTL, D) an den »**meisten gegebenen Autogrammen (Einzelperson, 90 Sek.)**«. Doch in dieser Disziplin war an diesem Abend nichts zu holen, denn die Mindestanforderung von 25 Autogrammen, die für den Weltrekord gefordert waren, konnte von den beiden nicht erzielt werden.

ZERPLATZTE LUFTBALLONTRÄUME

Beim Public Viewing der Euro 2016 in Freiburg (D) sollte am 2. Juli 2016 in der Halbzeitpause des Viertelfinal-Spiels Deutschland - Italien die Deutschlandfahne aus 70.000 Luftballons gebildet werden, um den Weltrekord für die »**größte Nationalflagge aus Luftballons**« zu knacken. Sonja Meitzner, Inhaberin von »Sonjas Ballon-Shop« in Titisee-Neustadt (D), hatte die Idee und stellte die benötigten Luftballons. Doch aufgrund des wechselhaften Wetters war nur gut die Hälfte der erwarteten Besucher gekommen - zu wenig, um mehr als 40.000 Luftballons in die Höhe zu halten. Der Weltrekord bleibt also in den USA.

KAYA YANAR UND PAUL PANZER IM RAUSCH DER REKORDE

Bei »Geht's noch – Kayas Woche« (RTL, D) am 7. November 2014 auf dem Sendeplatz direkt nach der Rekordshow von Mario Barth (s.S. 128), wollten sich die Komiker Paul Panzer und Kaya Yanar (beide D) auch einen zweiten Weltrekord holen. Und ausgerechnet den Rekord im Zitronenfangen mit verbundenen Augen – einen der zahllosen Rekorde, den Rekord-Rekordhalter Ashrita Furman (USA) seit 1979 aufgestellt hatte, wollten die beiden verbessern. Doch trotz aller Bemühungen war die Rekordmarke von 33 Zitronen deutlich zu ambitioniert für das Duo Yanar/ Panzer – der Rekord bleibt also vorerst in den USA.

KNAPP

MIT SALTOS AUF DEN GETRÄNKE-KISTENTURM

Bei »Wetten, dass..?« (ZDF, D), am 8. November 2014 live aus Graz (A) gesendet, wollte sich Turner Alexander Vogt vom TSV Buchholz (D) mit seiner Wette auch einen Weltrekord sichern. Hierzu musste er in maximal zwei Minuten einen Turm aus mindestens 10 Getränkekisten mittels Saltos erklimmen. Doch schon nach 7 Kisten war Schluss für Alexander, als sich der angehende Lehrer auf der wackeligen Konstruktion nicht mehr halten konnte.

REKORDANMELDUNG – SO GEHT'S:

Objekt der Begierde: Die RID-Rekordurkunde dokumentiert und zertifiziert den erfolgreichen Weltrekord

INFOS & KLÄRUNG

Sie können etwas ganz Besonderes? Sie haben bereits Außergewöhnliches geleistet? Prima, dann sind sie beim REKORD-INSTITUT für DEUTSCHLAND (RID) richtig und uns herzlich willkommen. Denn das Rekordebrechen lebt vom Mitmachen, und dem daraus resultierenden Wettbewerb, egal um welche Disziplin es sich handelt. Gern prüfen wir Ihre Idee gebührenfrei auf Weltrekordtauglichkeit sowie die Aufnahme Ihrer Leistung in unser RID-Rekordarchiv. **Starten Sie über unsere Internetseite am besten gleich eine gebührenfreie Rekordanmeldung** mit Ihrer Leistung oder Idee, und erkundigen Sie sich nach Details und Modalitäten für die passende Rekordkategorie: *http://rekord-institut.org/infos-rekordanmeldung/*

PLANEN & MACHEN

Nach Ihrer Rekordanmeldung oder Anfrage erhalten Sie von uns für Ihre Rekordkategorie die RID-Rekordregeln, die Sie bei der Durchführung des Rekordversuchs beachten müssen. Ebenfalls darin beschrieben sind die Unterlagen, die wir von Ihnen benötigen, um Ihren Rekordversuch als Rekord anerkennen zu können. Sie bekommen die Daten des aktuellen Rekords genannt und müssen diesen bei Ihrem Rekordversuch überbieten. Ist der Rekord neu, definieren wir eine Leistung, die mindestens für den Erstrekord erbracht werden muss.

BEWEISE ODER REKORDRICHTER?

Wir erkennen Ihren Rekord mittels Beweisdokumenten an, die Sie bei uns einreichen. Fotos, Videos und Bestätigungen von volljährigen Zeugen werden benötigt. Gern schicken wir einen RID-Rekordrichter, der vor Ort den Rekordversuch prüft und direkt mit einer Rekordurkunde bestätigt. Bitte beachten Sie, dass mit diesem optionalen Service Kosten verbunden sind. Gern unterbreiten wir Ihnen ein Angebot.

REKORDURKUNDE

Wenn wir Ihre Leistung als Rekord anerkannt haben, erhalten Sie von uns gebührenfrei eine elektronische Rekordurkunde als hochaufgelöste PDF-Datei. Gedruckte und optional gerahmte Urkunden (30 cm x 40 cm, vierfarbig, 350-g-Papier) erhalten Sie gegen Gebühr im Shop auf unserer Website.

KRISTALLSTRUKTURREKORDMODELL

Dr. Robert Krickl (A) baute mit 26,21 m³ das »größte Kristallstrukturmodell der Welt«, ausgestellt bis zum 24. Februar 2016 im Innenhof des Wiener Rathauses (A).

RASANTES RAD MIT E-MOTOR

Auf der Radrennbahn Nürnberg (D) vollführte Harald Elendt (D) mit seinem »Zorque Bike RSR«, dessen zwei Motoren etwa 8 PS leisten, am 2. Oktober 2011 die »schnellste Pedelec-Fahrt der Welt«, bei der er eine Höchstgeschwindigkeit von 102 km/h erzielte.

LEIPZIG FEIERT SICH UND SEINE WELTREKORDE

Organisiert von Prof. Dr. Werner Schneider und dem Notenspur-Förderverein e.V., wurde am 21. November 2015 bei der »1. Notenspur-Nacht der Hausmusik« mit 60 der Weltrekord erzielt für die »meisten gleichzeitigen Konzerte an verschiedenen Veranstaltungsorten«. 400 Musizierende spielten für 1.500 Zuschauer, und 500 Ehrenamtliche sorgten für den reibungslosen Ablauf. Zur »größten leuchtenden Zahl aus Menschen und Luftballons« bildeten 401 Menschen das 1.000-Jahre-Leipzig-Logo am 20. Dezember 2015 auf dem Richard-Wagner-Platz.

IN REKORDZEIT ÜBER DIE OSTSEE

In Outrigger-Kanus, das sind Ausleger-Kanus nach hawaiianischem Vorbild, ging es mehr als 100 Kilometer über die Ostsee von Bornholm (DK) nach Rügen (D). Was nach Abenteuer klingt, ist beinharter sportlicher Wettkampf, organisiert vom 1. Outrigger Canoe Club und der Tourismuszentrale Rügen. Bei der »Baltic Outrigger Challenge« starteten am 6. September 2014 zwei Boote. Team »Strandräuber« holte mit 9 Stunden 5 Minuten Sieg und Weltrekord für die »schnellste Ostsee-Paddelstrecke im Ausleger-Kanu (100 km, Team)«.

KINDER IM RHYTHMUS

627 musizierende Kinder gaben am 12. Mai 2016 in Biberach (D) ein Konzert als »größtes Kinder-Rhythmus-Orchester mit Recycling-Instrumenten«.

BILDNACHWEIS

BILDNACHWEIS

Titel/Rückseite: Red Bull Content Pool/ Mauricio Ramos; Bugatti Engeneering/Charlie Magee Photography; ESA; Katharina Voss Photography; Mediensegel/Andreas Braun; Fotolia; RID (2); One Inch Dreams Media/Olszewski; WDR/Sascha Winkler; Bobsien Photography/Björn Bobsien; Michael Suhl; Stiftung Deutsche Sporthilfe; Sven Marks Photography; Rottumtaler Alphornbläser **Vorsatz:** Miniatur Wunderland
002 Vorwort: Mediensegel/Andreas Braun (2); WDR/Sascha Winkler; Bobsien Photography/Björn Bobsien; RID
004 Vorwort: Mark Pudenz; Mediensegel/Andreas Braun (2); baden.fm; Sarah Lindner; LEGOLAND® Deutschland/Stefan Puchner; RID
008 Action & Stunts: Hannes Niederkofler Photography; RID
010 Alles mit dem Kopf: Bobsien Photography/Björn Bobsien; GKL/Chris Boehm, Patrick Meroth; RID
012 Mit Karacho: Bartproduction/Bartolomeus Kohl; Flo Hagena; SwissBob.org
014 Mr. Hammerhand: Vienna Recordia/Gertraud Schnabel; Sebastian Könnicke; Bopping Light; RID
016 Marathonmann Joey Kelly: RTL/ Stefan Gregorowius, Frank Hempel; Thomas Stachelhaus; RID
018 Waghalsig schnell: Red Bull Content Pool/ Mauricio Ramos; Leo Schulz; von Mannstein communications; RID
020 Harte Kerle: Gertraud Schnabel; Katharina Voss Photography (2); RID
022 Feuerkünstler: Pinneberger Tageblatt/Dirbach; Matthias Hinterreither (3); MDR/ Andreas Lander; Ingolf Keller (2); Denni Düsterhöft; RID
024 Power-Kids: Katharina Voss Photography (2); Adele Marschner; RID
026 Starke Typen: Bobsien Photography/Björn Bobsien (2); Charalampos Papadopoulos; Stiftung Deutsche Sporthilfe; RID
028 Geschickte Typen: Bobsien Photography/Björn Bobsien
030 Kettenreaktionen: Müritzportal/Stephan Radtke; Austrian Domino Art; Sinners Domino Productions; RID

32 Große Strukturen: Klipp; Aral AG; RID
034 Immer in Bewegung: Bobsien Photography/Björn Bobsien; Michael Suhl; Mediensegel/Andreas Braun; Bopping Light
036 Auf dem Rad: Karelly/lupispuma.at; Mediensegel/Andreas Braun; Max Schrom; Markus Riese; RID
038 Supertalente: Dreamfactory; RTL/Stefan Gregorowius (2), Frank Hempel
040 Körperextreme: Schuhmanufaktur Wessels (3); Fitnessnews; Sven Marks Photography
042 Feste feiern: Wikipedia/http://creativecommons.org/licenses/by-sa/3.0/ http://commons.wikimedia.org/wiki/User:Dilankf
044 Oktoberfest(e): Schussenrieder; Mymünchen.de/H. Hartmann; Anita Schwarz; Wikipedia/http://creativecommons.org/licenses/by-sa/2.5/http://commons.wikimedia.org/wiki/User:Hullbr3ach Hb3
046 Frohe Weihnachten: Kerrygold; RID
048 Osterfreuden: Zoo Rostock/Kloock; RID
050 Party, Party: Robin Böttcher, Moments Fotograph; Skycam Hessen; Jan Schumacher; RID
052 Sport & Spiel: Bobsien Photography/Björn Bobsien
054 Ausdauerexperten: Ulrike Lösekrug; RID
056 Badetag: Jens Scherer; RID
058 Am Wasser: obs/Beiersdorf AG/NIVEA; RID
060 Winterfreuden: Bobsien Photography/Björn Bobsien; Roland Schwarz; RID
062 Kinderspiel: Rheinzeitung/Sascha Ditscher; RID
064 WM-Power: Flickr/Leandro Neumann Ciuffo/ https://creativecommons.org/licenses/by/2.0/; Eventpress; Postbank; Deutscher Fußball Bund; obs/Sky Deutschland/Sky/firo Sportphoto; RID
066 Dreh dich: Bobsien Photography/Björn Bobsien (2); Nicole McLaren; Bopping Light; RID
068 Immer weiter: One Inch Dreams Media/Olszewski (5), WDR/Sascha Winkler; Rheinische Post/Cornelia Kielbasa
070 Hinterm Horizont: Extrem Events; Daimler AG; Allergosan; RID

072 Menschenmassen: Mario Sturm; Michael Suhl; Christoph Baumert; RID
074 Menschenmengen: WDR/Sascha Winkler (2); RID
076 Gruppendynamik: Joachim Viertel; Sascha Stüber; LIEKEN URKORN; Arnulf Müller; RID
078 Powerfrauen: Bobsien Photography/Björn Bobsien; Bopping Light; Mediensegel/Andreas Braun; RID
080 Frauenpower: Bobsien Photography/Björn Bobsien; Mispelbaum; Nicole Klesy; http://commons.wikimedia.org/wiki/File:Sabine_Lisicki_2011_Serve_%287%29.jpg; Katharina Voss Photography
082 In der Balance: Bobsien Photography/Björn Bobsien; Jean-Ferry Photography; IMM electronics GmbH (5); RID
084 Jäger & Sammler: RID
086 Wissenschaft & Technik: Team Greenteam
088 Energie: Sascha Stüber; Zweibrüder Optoelectronics GmbH & Co.KG; www.siemens.com/press; RID
090 Schnellste Fahrzeuge: Team Greenteam; Nokian Tyres; Honda; Bugatti Engeneering/Charlie Magee Photography; RID
092 Besondere Bauten: Fotolia; Jan-Hinrich Janssen; RID
094 Wissenschaft: Fraunhofer ISE/Alexander Wekkeli; Forschungszentrum Jülich; ESA; RID
096 Dicke Dinger: Herrenknecht AG (2); Aida Cruises Rostock; RID
098 Kleine Orte: Raffael Armbruster; RID
100 Klein ganz groß: Miniatur Wunderland
102 Handwerk extrem: Deutsches Archäologisches Institut (DAI)/M. Wagner; Walbusch Walter Busch GmbH & Co.KG; XXXLutz; Schuh Marke GmbH & Co. KG; RID
104 Handwerk: TVB Naturparkregion Reutte; Kreitlow; obs/STAEDTLER; RID
106 Handarbeit: RID
108 Essen & Trinken: Vapiano SE
110 Küchenstars: Bastian Lütge/lokalo.de; WDR/ Sascha Winkler; RID
112 Schmeckts?: Vapiano SE; iglo GmbH; RID
114 Mahlzeit: www.veranstaltungsportal.net; RID

116 Prost: Mathias Kasuptke; Vogels Offroads; RID
118 Natur & Umwelt: ProSieben/Boris Breuer
120 Tierisch, tierisch: Christian Leitenmeier; MDR/Andreas Lander (2); Hans-Joachim Brückmann; Thorsten Schrader; Bopping Light; RID
122 Umweltfreunde: ProSieben/Boris Breuer; Deutsche Umwelthilfe DUH; Berliner Stadtreinigungsbetriebe/André Wagenzik; Susanne Benner; RID
124 Riesenpflanzen: Marc Sansone; Sandra Milden; David Kriesel; Werner Kuhnle; RID
126 Kunst & Unterhaltung: RID
128 Publikumslieblinge: obs/Börsenverein des Dt. Buchhandels e.V./Vorsicht Buch!; ProSieben/Willi Weber; Christoph Becker; RID
130 Sympathieträger: MDR/Andreas Lander (2); WDR/Sascha Winkler (2); RID
132 Drucksachen: Parwez Mohabat-Rahim; Leserattenservice/Klaus-Peter Kappest; Bon Prix; RID
134 Laut: Norbert Keiner (2); Maximilian Renz; RID
136 Lauter: Edith Zweifel; Rottumtaler Alphornbläser; RID
138 Mosaike: obs/NBC UNIVERSAL Global Networks Deutschland/Universal Channel; MySwissChocolate.ch; RID
140 Installationen: Thommes Nentwig; DDP/Michael Kappeler (2); DPA/Soeren Stache; RID
142 Kurz vor Schluss: RID
144 Viel Harmonie …: Commerzbank-Arena (8); RID
146 In letzter Minute: Allianz Gruppe, Mediengruppe Oberfranken/Anja Vorndran; Ehrlich Brothers; Spalding Breakball Team; RID
148 Anmeldung zum Weltrekord: Pocha-Burwitz (2); RID
150 Fehlversuche: Bobsien Photography/Björn Bobsien; Sandra Milden; Mediensegel/Andreas Braun; Hans-Dieter Stahl; ProSieben; RID
152 Fehlversuche: RTL Television; Mediensegel/Andreas Braun; Bobsien Photography/Björn Bobsien; Constantin Entertainment (3) **Nachsatz:** Miniatur Wunderland

IMPRESSUM

IMPRESSUM

Die RID-Rekordrichter:
Olaf Kuchenbecker
Eva Ricarda
Rolf Allerdissen
Janine Mehner

Gestaltung:
pd text & design
Peter Dwertmann
Wendenweg 26
21465 Wentorf
bei Hamburg

Redaktionelle Mitarbeit:
Olaf Kuchenbecker
Peter Dwertmann
Sandra Milden
Laura Kuchenbecker

Druckvorstufe:
Griebel Repro, Hamburg

REKORD-INSTITUT für DEUTSCHLAND
Papenreye 65, Workport / Unit 7
22453 Hamburg
Tel.: +49 (0) 40 236 248 71
Mail: hallo@rekord-institut.de

Das RID wird vertreten durch Olaf Kuchenbecker
UmSt-ID: DE 183 897 951
Finanzamt HH-Oberalster Identifikations-Nr: 50 134 02436

Weitere Informationen und das Formular zur Rekordanmeldung finden Sie auf **http://rekord-institut.org**

Jetzt Fan werden auf Facebook:
www.fb.com/RekordInstitut

MIX
Papier aus verantwor-
tungsvollen Quellen
FSC® C002795
FSC www.fsc.org

LÄNDERABKÜRZUNGEN IN DIESER AUSGABE:

A	Österreich
BIH	Bosnien-Herzegowina
BR	Brasilien
CDN	Kanada
CH	Schweiz
CHN	China
CI	Elfenbeinküste
D	Deutschland
DK	Dänemark
DZ	Algerien
E	Spanien
GB	Großbritannien
I	Italien
KZ	Kasachstan
MA	Marokko
NL	Niederlande
NZ	Neuseeland
RI	Indonesien
TR	Türkei
USA	Ver. Staaten von Amerika

RID | REKORD-INSTITUT FÜR DEUTSCHLAND